珍藏本
纪念版

汉译世界学术名著丛书

新大西岛

〔英〕弗·培根 著

何新 译

商务印书馆
SINCE 1897 The Commercial Press

2017年·北京

Francis Bacon

THE NEW ATLANTIS

本文根据《哈佛古典文学丛书》第三卷(1909 年)译出

弗兰西斯·培根

NEVV

ATLANTIS

A VVorke vnfinished.

VVritten by the Right Honourable, FRANCIS
Lord Verulam, Viscount St. Alban.

《新大西岛》的扉页
（1627 年英文原书第一版）

汉译世界学术名著丛书
（120 年纪念版·珍藏本）
出 版 说 明

2017 年 2 月 11 日，商务印书馆迎来 120 岁的生日。120 年前，商务印书馆前贤怀揣文化救国的理想，抱持“昌明教育，开启民智”的使命，立足本土，放眼寰宇，以出版为津梁，沟通中西，为中国、为世界提供最富智慧的思想文化成果。无论世事白云苍狗，潮流左右激荡，甚至战火硝烟弥漫，始终践行学术报国之志，无改初心。

迻译世界各国学术名著，即其一端。早在 20 世纪初年便出版《原富》《天演论》等影响至今的代表性著作，1950 年代后更致力于外国哲学和社会科学经典的译介，及至 1980 年代，辑为“汉译世界学术名著丛书”，汇涓为流，蔚为大观。丛书自 1981 年开始出版，历时三十余年，迄今已推出七百种，是我国现代出版史上规模最大、最为重要的学术翻译工程。

丛书所选之书，立场观点不囿于一派，学科领域不限于一门，皆为文明开启以来，各时代、各国家、各民族的思想与文化精粹，代表着人类已经到达过的精神境界。丛书系统译介世界学术经典，引领时代思想，为本土原创学术的发展提供丰富的文化滋养，为推动中国现代学术和现代化进程做出了突出的贡献。

为纪念商务印书馆成立120周年，我们整体推出“汉译世界学术名著丛书”120年纪念版的珍藏本，寄望既利于文化积累，又便于研读查考，同时向长期支持丛书出版的译者、编者和读者致以敬意。

两甲子后的今天，商务印书馆又站在了一个新的历史时间节点上。我们不仅要铭记先辈的身影和足迹，更须让我们的步伐充满新的时代精神。这是商务人代代相传的事业，更是与国家和民族的命运始终紧密相连的事业。我们责无旁贷，必须做好我们这代人的传承与创造，让我们的努力和成果不仅凝聚成民族文化的记忆，还能成为后来人可以接续的事业。唯此，才能不负前贤，无愧来者。

商务印书馆编辑部

2017年10月

弗兰西斯·培根(1561—1626)是近代英国的唯物主义始祖、伟大的科学家和思想家。《新大西岛》是他晚年未完成的一部著作,在他死后的翌年1627年出版的。培根在这本书中描绘了他理想的社会图景。

培根生长在英国资产阶级革命序幕的时代。资本主义生产的兴起,促进了自然科学的发展。培根毕生研究科学、提倡科学,《新大西岛》中所描绘的理想社会,就是科学主宰一切的。

培根的这部著作,在早期的乌托邦作品中占有一个特殊地位,对我们研究社会主义思想的发展和科学共产主义理论,有重要的参考价值。

本书在1938年曾由我馆翻译出版(附在《崇学论》一书之后),此次据原书另行翻译。书后附有苏联作者 Φ.A.柯冈-别仑斯坦撰写的"关于弗兰西斯·培根的《新大西岛》"一文,供研究参考。

目　　录

新大西岛 …… 1
附录　关于弗兰西斯·培根的《新大西岛》 …… 43

新大西岛

我们从秘鲁(在那里我们逗留了一整年)带上十二个月的粮食开航,经南海[1]驶往中国和日本。有五个月或者更多一些时间,由东面吹来轻柔无力的顺风,但是后来风向变了,有几天刮着西风,因此我们就航行得很慢,甚至根本不能前进。有时我们真想要掉头回航。后来,又刮起了强烈的、偏东的南风,把我们一直向北吹,我们尽了一切力量也无济于事,而我们的粮食,虽然竭力节省着吃,也差不多吃光了。在这世界上渺无涯际的大海中没有了粮食,使我们感到绝望,看来只有等死了。可是我们还振作着精神并向上帝祷告,祈求"他在深海中显现奇迹",怜悯我们,像他在开辟鸿蒙的时候把天下的水聚在一处露出陆地那样,也给我们一块陆地,使我们免遭死亡。

又过了一天,约莫傍晚时候,在北方,离我们一肯宁[2]远处,看到有好像浓云一样的东西,使我们确实觉得有接近陆地的希望。我们对南海这一部分的情况完全不了解,可能这里有我们至今还没有发现的岛屿或大陆。因此,我们改变了航程,整夜向我们看到

① 指太平洋。——俄译本注

② 一肯宁(kenning)约合二十英里。——译者

有陆地形迹的那个方向驶去。次日拂晓，我们可以清楚地看出那确是我们所渴望看到的陆地。那里看来是平坦的，并且长着茂密的植物，显得格外幽暗。航行了一个半小时之后，我们进入了一个美好的港口，这是一个美丽的城市的海港，城市虽然不大，但却建筑得非常完善。由海上望去，给人一个优美、可喜的印象。我们由于心急，觉得时间过得太慢了，恨不能一步迈到陆地上。船终于靠岸，并准备登陆了。但是，我们看到正前面有一些人，手里拿着棍棒，像是在制止我们登陆。他们并没有大声喊叫，态度也不凶暴，只不过用手势警告我们，叫我们不要靠近。因此，我们一点也没有感到不愉快，可是我们该怎么办呢？我们自己在盘算着这个迫在眼前的问题。

这时候，一只小船向我们驶来，船上大约有八个人，其中一个人手执一根两端是蓝色的黄色木杖，上了我们的船，没有任何不信任的表示。他看到我们有一个人站的地位比其余的人靠前一些，就拿出一小卷羊皮纸（比我们的羊皮纸稍黄，柔软而易于折叠，但像书版的页子那样闪闪发光），递给了他。在那上边，用古希伯来文、古希腊文和学院中的正规拉丁文和西班牙文写着这样的字句：“你们任何人也不要登陆，并准备在十六天内离开这个海岸，除非给你们另外的限期。同时，如果你们需要淡水或粮食，或者是你们的病人需要照料，你们的船需要修理，就把你们的要求写下来，你们就可以得到救济。”这卷文书上盖着刻有小天使的图形的印记，小天使的翅膀并没张开，而是下垂的，在旁边还有个十字。那个官员交过这个文件后就回去了，留下一个差人等候我们的回信。

我们在商量怎么办的时候，感到茫然失措。拒绝我们登陆，还急忙警告我们离开，这使我们感到很困惑；而另一方面，看到这里的人们有文字，并且又这样富于人道主义，也确实给予我们不小的安慰。而那文件上的十字架的标记，尤其使我们感到极大的鼓舞，它好像是好运的某种预兆。我们是用西班牙文回答的："我们的船还完好无损；因为我们是在风平浪静或仅仅是逆风中航行，没有遇到任何风暴。至于我们的病人，他们不在少数，并且都很严重；因而，如果不允许他们登陆，他们就有死亡的危险。"我们详细地写下我们其他的需要，并附带说明："我们还储藏一些货物，如果他们愿意交易，可以作为我们需要的代价，不另外算钱。"我们拿出一些金币送给这差人作为酬谢，同时要他转送给那官吏一块大红丝绒。但是这差人拒不收受，对那些东西连看都没有看。他离开了我们，坐上派来接他的另一只小船回去了。

我们的答复送出后约莫三个小时，有个看来像是很有地位的人到我们这里来了。他穿一件天蓝色水羽纱制的宽袖长袍，非常美丽，而且光泽比我们的强得多；他的下衣和帽子是绿色的，帽子形如穆斯林的头巾，相当雅致，并不像土耳其人缠的头巾那样大。他的卷发从帽檐垂下。看来是个可尊敬的人。他乘坐的船，有些部分是镀金的，船里除了他还有四个人；后面跟着另一只船，里面有二十个人。当他的船驶到离我们的船一箭远时，我们看到他们在向我们打手势，要我们派出一些人和他在水上相见。我们立时照办了，派出了我们的副首领，另外有四个海员伴随着他。我们来到离他们六码的地方，他们叫我们停下，不要再靠近。我们照办了。这时，我以前所描述的那个人站了起来，用西班牙语大声问道："你们是基督徒吗？"我们回答说是。想起我们在文件上盖有印章的地方看到的十字架的标记，我们心里更踏实了。他听到这个回答之后，把他的右手举向天空，然后轻轻地把它放到嘴上（这是他们感谢上帝时所用的手势），接着说道，“如果你们，你们大家以救世主的名义发誓，你们并不是海盗，并且在最近四十天内没有合法地或非法地流过血，那就可以准许你们登陆。”我们说，“我们都可以立即宣誓。”这时，和他在一起的、看样子像是个书记的人，把这件事作了记录。然后，他们船上的这位显要人物的另一个随从，按照他的官长的吩咐，高声说道：“我们的官长希望你们知道，他不到你们的船上去，并不是由于骄傲或者地位显贵，而是由于在你们的答复中曾提到你们之间有不少患病的人，卫生保健部长曾警告他，要他保持一个距离。”我们向他鞠躬，并回答说，我们是他的恭顺的仆人，感谢他对我们的盛情和无比的人道待遇；但是，确实相信我们的病人所患的并不是传染病。说到这里他就回去了，过了一会儿，那个书记到我们的船上来了，手里拿着当地出产的一种果子，看来像一个橘子，不过颜色介于茶橘色和朱红色之间，并散发出极其馥郁的香味。他好像是用它来预防感染病的。我们照他的要求“以耶稣和他的功德的名义”宣誓之后，他告诉我们，明天早晨六点钟派人来接我们，领我们去外邦人宾馆（他这样称呼它），在那里我们自己和我们的病人将得到物品供应。于是他走了，在我们想给他一些西班牙的金币时，他笑了，并且说，他不应该做同一种工作而两次受酬；（据我猜想）他的意思是，国家已经给他足够的薪金作为工作的报酬了。因为（以后我听说）他们把薪金之外再拿报酬的官吏叫做两次受酬。

次日清晨，来接我们的就是那个最初到我们这里来的那位手执黄色木杖的官吏，他告诉我们，他将领我们去“外邦人宾馆”；他提前来是为了使我们有一整天的时间来办我们的事情。因为他说，“依我的意见，你们先打发几个人跟我去，看看那地方，看看怎样安排才对你们方便，以后你们可以去接你们的病人和其余的人上岸。”我们对他表示了谢意，并对他说，他对我们这些遇难的外邦人这样关怀和照顾，一定会受到上帝的奖赏。于是我们之中的六个人随他上了岸，登陆之后，他走在我们前面，但回过头来跟我们说，他只不过是我们的仆人和向导。他带我们走过了三条美丽的街道；一路上两边都聚集着一些人，站成一排，他们彬彬有礼，不像是在对我们表示惊奇，而是在欢迎我们。并且，有些人在我们走过他们的面前时，都把两臂放开一些，这是他们对人表示欢迎的手势。

外邦人宾馆是一所砖砌的房屋，美丽而宽敞，砖的蓝色比我们的还要深些；房屋有漂亮的窗户，有些装着玻璃，有些幔着一种上了油的亚麻布。他先把我们带进了楼上的一个美丽的客厅，然后问我们有多少人，几个病人。我们告诉他，连患病的在内总共有五十一个人，其中有十七个病人。他请我们稍稍等一下，不要离开，等他过了一个多钟头回来再说。后来他回来了，于是他领我们去看那些给我们预备好的房间，一共是十九间。他们似乎已经安排好，把四间较好的给我们中的四个领导人单独居住，其余十五间由我们居住，每间两个人。房间又漂亮又爽朗，布置得也很整洁优雅。以后，他又领我们到一个像是宿舍的长廊，在那里，一边是十七间小屋子，另一边只是墙和窗户，都很整齐，并且有杉木的隔板。这个走廊和小屋，一共四十间（比我们需要的多得多），是作为病房给病人住的。他又告诉我们，痊愈了的病人，可以从这小屋搬到一间宿舍去，为了这个缘故，在上面所说的那几个房间之外，另拨出十个房间备用。这些都准备就绪后，他把我们带回了大厅，他把他的手杖举起了一些（在他们委托事务或发布命令时照例这样做），向我们说道："你们应该知道，按这里的惯例，在今天和明天（这是我们让你们把船上的人搬过来的时间）之后，你们要在室内停留三天。但是，不要为这事感到烦恼，也不要认为你们是受了限制，这只是让你们得到充分的休息和过一些悠闲的时光罢了。你们不会缺什么东西，我们将派六个人来照料你们要在外面做的一切事情。"我们以感激和尊敬的心情向他致谢，并且说，"上帝的意志已经在这块土地上表现出来了。"我们也想赠给他二十枚金币，他也笑了笑，只向我们说了一句"什么？两次受酬！"就走了。

接着，开饭了，真是美好的饮食，面包和肉食都是那么好吃，比我在欧洲所知道的任何高级膳食都适口。还有三种饮料，都是味美而又富于滋养的：一种葡萄酒；一种用谷类做的饮料，有点像我们的白啤酒，只是比较淡些；一种是用当地水果酿制的苹果酒——特别令人喜爱和感到心神舒畅的饮料。除此之外，还为我们的病人带来了大量的那种绯红色的橘子；据他们说，那是治因航海而得病的特效药。他们还给我们一匣灰色或是淡白色的小药丸，叫我们的病人每晚临睡前服一丸，他们说这样病人就可以很快地复元了。

第二天，我们忙着由船上搬运我们的货物和输送我们的人。在这些琐碎事情大致就绪而安静下来之后，我感到应该召集一下我们的人开个会。大家集合好了，我对他们说："我的亲爱的朋友

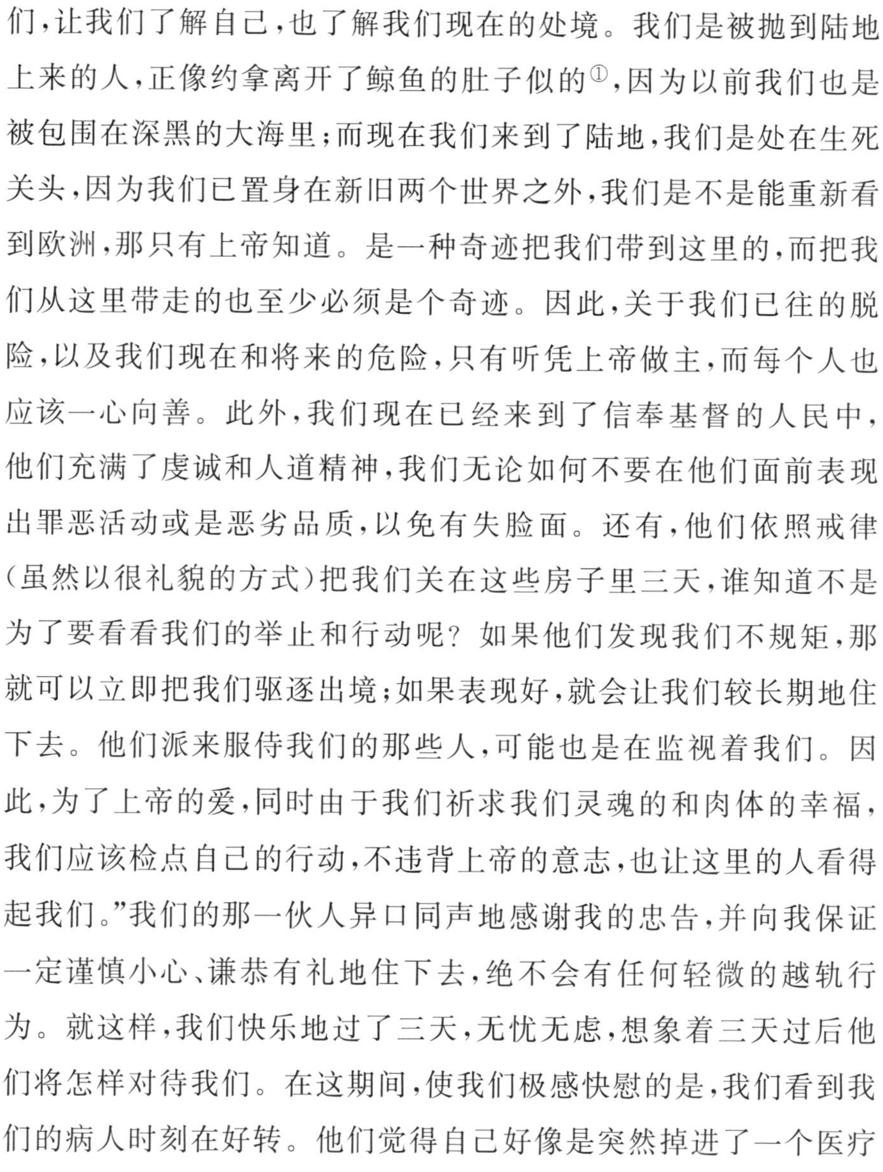

们，让我们了解自己，也了解我们现在的处境。我们是被抛到陆地上来的人，正像约拿离开了鲸鱼的肚子似的[①]，因为以前我们也是被包围在深黑的大海里；而现在我们来到了陆地，我们是处在生死关头，因为我们已置身在新旧两个世界之外，我们是不是能重新看到欧洲，那只有上帝知道。是一种奇迹把我们带到这里的，而把我们从这里带走的也至少必须是个奇迹。因此，关于我们已往的脱险，以及我们现在和将来的危险，只有听凭上帝做主，而每个人也应该一心向善。此外，我们现在已经来到了信奉基督的人民中，他们充满了虔诚和人道精神，我们无论如何不要在他们面前表现出罪恶活动或是恶劣品质，以免有失脸面。还有，他们依照戒律（虽然以很礼貌的方式）把我们关在这些房子里三天，谁知道不是为了要看看我们的举止和行动呢？如果他们发现我们不规矩，那就可以立即把我们驱逐出境；如果表现好，就会让我们较长期地住下去。他们派来服侍我们的那些人，可能也是在监视着我们。因此，为了上帝的爱，同时由于我们祈求我们灵魂的和肉体的幸福，我们应该检点自己的行动，不违背上帝的意志，也让这里的人看得起我们。”我们的那一伙人异口同声地感谢我的忠告，并向我保证一定谨慎小心、谦恭有礼地住下去，绝不会有任何轻微的越轨行为。就这样，我们快乐地过了三天，无忧无虑，想象着三天过后他们将怎样对待我们。在这期间，使我们极感快慰的是，我们看到我们的病人时刻在好转。他们觉得自己好像是突然掉进了一个医疗

① 据《旧约全书》中《约拿书》第一、二章，约拿因躲避耶和华，乘船出走，船至海上风浪大作，同行的人把他抛入海中，风浪方告平息。耶和华安排一条大鱼吞了约拿，他在鱼腹中三日三夜，经祷告耶和华，鱼才把他吐在旱地上。——译者

的圣池[①]，他们恢复得又好又快。

在三天过后的早晨，到我们这里来的是一个我们从没有见过的新人，和前者一样，也穿着蓝色衣服，不过他的头巾是白色的，顶上有个小红十字。他还围着一条细亚麻布围巾。在他进来的时候，他向我们稍稍鞠躬，并把两臂伸开。而我们则极其谦恭卑顺地向他致敬，好像我们要听他的生死判决似的。他希望和我们之中几个人谈话。于是，我们留下了六个人，其余的都退出室外。这时他说道："从我的官职来讲，我是这个外邦人宾馆的馆长，而从我的职业来讲，我是个基督教牧师；由于大家都是外邦人，而主要是由于大家都是基督徒，我现在是来为你们服务的。有些事我想和你们谈谈，我想你们不会不愿意听的。现在我们的国家已经允许你们在这里停留六个星期，但是，如果你们的事情需要更长的时间来办，那也不用愁，因为在这一点上，法律并不是死的；我相信，如果需要，我也可以为你们请准更长的时间。你们也应知道，现在这个外邦人宾馆是很富有的，并且储备充足，因为很久没有外邦人到这里来，馆里已经储存了三十七年的进款。所以，你们无须顾虑，你们在这里停留期间的一切开销，都将由国家支付。你们也不必为了这一点而少住一天。关于你们所带的货物，你们可以得到公平的对待，我们用货物或者金银来偿付都行，因为这对我们都是一样。如果你们另外有什么要求，也请不用客气。你们将看到你们所得到的答复是不会使你们失望的。不过有一件事我必须告诉你

① 《约翰福音》第五章第二节说，在耶路撒冷，靠近羊门，有一个池子能治百病。——译者

们，那就是，如果没有得到特别的许可，你们谁也不要走到离城墙一卡兰(即一英里半)以内的地方去。”

我们大家你看看我，我看看你，对这宽厚仁慈的待遇充满了感激、钦佩的心情，所以后来回答说，我们不知说什么才好，因为我们找不到表示我们感谢的字眼，而他的高贵慷慨的恩赐，使我们再也没什么可要求的了。在我们看来，我们好像眼前看到了我们在天堂得救的一幅图画；因为我们不久以前还在死神的魔掌之中，而现在我们却被安置在处处感到安慰的地方。至于给我们规定的戒律，我们一定要遵守，虽然我们心里渴望能够在这神圣的乐土上多走一些地方。我们又说，在我们祷告时，如果忘记了提到他这位可敬的人或是这整个国家，我们的舌头将黏在上颚上而开不得口。我们更谦卑地请求他收我们做他忠实的仆人，因为这是世上受恩的人应有的权利。我们愿意把自己和我们所有的一切都贡献在他的脚边。他说他是个牧师，希望得到一个牧师所应得的报酬，那就是我们的友爱，我们肉体和灵魂的安宁。至此，他离去了。我们看到他眼中含着慈爱的泪水，使我们心里沸腾起感激喜悦的心情。我们彼此说，我们到了天使的国土，天使每天在我们面前出现，不等我们要求就给我们许多安慰，这些安慰是我们从没有想到过，更没有盼望过的。

第二天，约莫十点钟，这位馆长又来了，在相互敬礼之后，他亲切地告诉我们，他是来拜访我们的，说完就要了一把椅子坐下了。我们约有十个人(其余的人比较卑微，有的则已经外出了)，陪他坐下。坐定之后，他开口说：“我们这本色列岛(按照他们的叫法是这样的)的人是这样的，由于我们和外界隔绝的处境，由于我们对于我们的旅行者和我们很少接待的外邦人有保密的法律，所以我们对外边的世界大部分都熟悉，而我们自己却不为人所知。既然知道得少的人应该提出问题，那么，为了消磨时光，比较合理的是由你们问我问题，而不是我问你们。”

我们回答说，我们非常感谢他准许我们提出问题。并且从我们已经体会到的来说，我们认为，人世间的事情没有比这个乐土上的情况更值得我们了解的了。但最重要的是，（我们说，）“因为我们是从世界的各个不同的角落聚集在一起的，并且，既然我们双方都是基督徒，我们确信有一天我们将在天国里相遇，而现在，由于我们想到这块土地是这样的辽远，又有不为人所知的广阔海洋把它和我们的救世主曾经行走过的土地分隔开来，所以我们很想知道，这个国家的使徒是谁？是怎样皈依这个信仰的？”我们从他脸上的表情看出，他对我们的问题感到非常满意。他说：“你们最先问这个问题，真是深得我心，这表示你们首先追求的是天国。我将非常愉快地和简要地满足你们的要求。

“在我们的救世王升天后大约二十年，曾发生过这样一件事：我们岛的东方海岸上的仁福萨城的居民，在一个多云而寂静的夜晚，在看来像是几里以外的海上，看到了一个巨大的光柱，它并不尖峭，形状像柱子或者说像圆筒，由海中升起，矗立天际。它的上面显现着一个巨大的光芒四射的十字，比光柱本身更为光辉灿烂。这里的居民很快地聚集到沙滩上来观看这个神迹，并啧啧称奇。后来，有些人乘上一些小船，驶近这个奇异的景象。但是，当船驶到约离这个光柱六十码的地方，他们发现自己被阻住了，再也不能前进，但却可以在周围活动，而不能靠近。这样，所有的船都像是在一个大剧场里围观一个天上奇景。恰巧在这些船里有我们的一个贤人，他属于所罗门之宫大学，这个宫或者大学，我的好弟兄们，真是这个国家的眼睛。这位贤人在专心一意地、虔诚地观察这个光柱和十字并沉思默想之后，就匍匐在地；然后跪着仰起头来，双手举向上天，开始这样祷告：

"'上天下地的我主上帝；你把你的慈悲赐给了我们教团的那些人，使他们了解你的创造和你所创造出来的东西的秘密；使世世代代的人们能辨认出什么是神圣的奇迹、自然的创造和人工的产品，什么是欺诈和幻象。我现在在这里承认并在这些人面前作证，我们眼前见到的乃是你的神力和一个真正的神迹。而由于我们从我们的书里了解到你所显现的奇迹都是为了一个神圣和美好的目的，因为自然的规律就是你自己的法律，并且除非是为了伟大的目标，你是不会超越它们的。我们极其谦卑地祈求你使这个伟大的景象成功。并告诉我们怎样解释它，使用它，作为你对我们的怜悯，这些在你把它赐给我们的时候已经做了某些暗示和许诺。'

"他祷告完了之后，立刻发现他所坐的船能向前移动而不再受阻了，可是其他的船却仍被阻在那里。他认为这是准许他向前接近的表示，就轻柔地、静静地把船划向那个光柱。但是在他还没有靠近之前，光柱和十字迸散开了，放射出满天的繁星，这些不久也消失了，除了在水面上出现一个小的约柜[①]，也可以说是一个杉木的箱子外，什么也看不见了。这个箱子虽然在水上漂浮着，却是干

① 约柜是装有十诫碑两块的箱子，这里因为它装的是圣经，所以也把它叫做约柜。——译者

的，一点也没有被水浸湿。对着这位贤人的一端生出一枝绿色的棕榈。这位贤人以极大的虔诚把这个约柜拿上船来之后，它自动地开启了。里面有一部书和一封信，都是用上等的羊皮纸写的，并且用几块亚麻布包裹着。和你们所用的一样，这部书包含着所有新旧约的经典书籍（我们清楚地知道你们的教会所接受的是什么），还有启示录本身，以及另外的一些当时还没有写出来的新约各书。至于那封信，是这样地写着的：

"'我，巴多罗买①，至高上帝的仆人，耶稣基督的门徒，在那个光荣的幻象里，看到了一位天使，他让我把这约柜放在大海的水上。因此我向上帝命令放这个约柜的那块土地上的人民作证并宣布，在同一天他们将从圣父和我主耶稣那里得到拯救、和平和恩赐。'

"这两个文件——这部书和这封信在原文的语言天才上也创造了合乎使徒所创造的伟大奇迹。因为当时在这个地方，除了土人之外，还有希伯来人、波斯人和印度人，而他们每个人读这部书和这封信时，都像是在读着他们自己的文字。这个约柜所带来的圣巴多罗买的神奇的使徒的福音，就这样把这块土地由不信中拯救出来（就像从洪水中救出了旧世界的陆地一样）。"说到这里，他停了下来，这时进来了一个使者，把他请走了。这就是这次聚会的全部经过。

第二天刚吃过晚饭，这位馆长又来了，他致歉说，前一天他被唤走得有些突然，但现在他将补偿我们，如果我们喜欢和他在一起谈话的话，他将和我们一同消磨些时间。我们回答说，我们极其喜

① 巴多罗买是基督十二门徒之一，见《马太福音》第十章第三节。——译者

欢和他谈话，因为在我们听他谈话时，我们忘掉了过去的危险，也忘掉了未来的忧愁。我们认为，和他谈一小时话，要胜过我们以前度过的许多年。他向我们欠身致谢，我们又都坐好了。他说："好罢，还是由你们来发问罢。"

停了一会儿，我们之中有一个人说，有一件事，我们也很想知道，但却又不敢问，因为我们怕这样会过于冒昧。可是受到了他对我们的少见的款待和热情的鼓舞，我们已感到我们不再是外邦人，而是他的忠诚恭顺的仆人，所以我们大胆地提出来，谦卑地恳求他，如果他认为不应回答时，就予以拒绝，并原谅我们的冒昧。我们说，根据他以前对我们说过的话，我们很了解，只有很少人知道我们现在停留的这块乐土，而这里的人却对世界上多数国家很熟悉。这是确实的，因为这里的人懂得欧洲的语言、文字，并且很了解我们的国家和我们的事情。可是我们在欧洲，虽然在最近这个时代里曾经有过远地的航行和陆地的发现，却从来没有听到过关于这个岛屿的一点消息和影子。这是使我们极感惊奇的。现在的国家由于向外地航行或者外邦人的到达，都已彼此了解。虽然到外国的旅行者从亲眼看到而知道的要比在家里听旅行者讲述而知道的多些，可是，两个方法都足以在某种程度上促使双方相互了解。然而关于这个海岛，我们从没有听说有谁看见他们的船到过欧洲的任何海岸，或到过东印度或西印度群岛；而且也没有听说过世界上任何其他地方有任何一只船是从他们那里回来的。但是使人惊奇的还不在于此，因为从（如阁下所说）它所处的为广阔的海洋所包围的秘密地位来看，这是可能的。可是，这里的人却又怎么能知道离他们这么遥远的人们的语言、书籍和事情呢？这真是我

们难于理解的了。据我们看来，这好像是具有一种不可思议的性质的神力，所以能把自己隐藏起来不被别人看见，而却能把别人看得清清楚楚。

馆长听到这些话，温和地笑了，他说，我们问这问题之前先请求原谅，确是做对了，因为这个问题意味着，好像我们认为住在这块土地上的是些魔术师，能派遣空中的精灵到世界各地去搜集其他国家的消息和情报。我们一致以最谦逊的态度回答他，虽然脸上表示出我们知道他是在故意说笑话。我们说，我们确是难免要想这岛上有一种超自然的力量，不过我们认为那是属于天使的，而不是魔术师的。为了使馆长阁下彻底了解我们所以怀疑并提出这样一个问题的真正原因，我们说它并不是由于任何这一类的奇想，而是因为我们记得他曾在以前的话里暗示过，这个岛对外邦人是有保密的法律的。对这一点他说，“你们记得不错，因此，我要对你们说的事情里不能涉及我们的法律不许泄露的那些细节，但是除此以外，还有许多事情可以使你们得到满足。

“你们应该知道，不过也许是你们所不相信的，那就是大约在三千年以前或者还要更早，世界的航行，特别是远方的航程比现在还要频繁。你们不要认为我并不知道近六十年来你们的航运增加了多少，这在我是很清楚的，但是我还要说那时比现在还要频繁；不管是不是由于人类的劫余被方舟[①]自洪水救起的先例，使人对

① 《创世记》第六章和第七章记载：神为了惩罚败坏了的世界，要使洪水泛滥在地上。因为挪亚是个义人，神就告诉他造一只方舟，到时和他的妻、儿子、儿妇进入方舟保全生命。挪亚照神的话做了，所以全家没有像其他活物一样从地上消灭；洪水退了之后，他们才出了方舟。——译者

水上的冒险增加了信心，或者还是由于别的，不过事实确是这样的。腓尼基人，特别是泰雅人，有巨大的船队。迦泰基人还有他们远在西方的殖民地。在东方，埃及和巴勒斯坦的航务也同样很发达。中国和伟大的大西岛（你们叫作美洲），现在还只有舢板和独木舟，那时却已经有很多的高大的楼船。这个海岛根据那时确实可靠的记载，有一千五百只容量很大的大船。所有这些，在你们也许记得的很少，或者根本不记得了；而我们却知道得很清楚。

“那时，上面所说的许多国家的船只都曾经到过我们这个地方。并且像当时所发生的那样，有许多别的国家的人，并不是水手，也和那些船只一起到我们这里来；如同波斯人、迦勒底人、阿拉伯人等许多强大兴盛的国家都有人到此地聚会。今天在我们这里还有这些民族的后裔。至于我们自己的船只也作过多次的航行，曾经到过你们叫作“赫克士双柱”[①]的那个海峡和大西洋以及地中海各地。也到过东方海上的白固恩，也就是上都[②]和行在[③]各地，一直远达东突厥斯坦的边境。

“与此同时和大约在一世纪以后，那个伟大的大西岛上的居民繁荣兴盛起来。像你们当中的一位伟大人物[④]曾经记叙和描写过那样，海神的后代定居在那里，那儿有巍峨的教堂、堂皇的宫殿，有

① 赫克士双柱（Pillars of Hercules）即直布罗陀海峡。——译者

② 上都（Cambaine）是中国元代的都城，马可波罗和中世纪的欧洲人这样称呼它，地址大致相当于现在的北京。——译者

③ 行在（Qulinzy）是指中国的杭州。马可波罗这样称呼它，因为它曾经是南宋临时的都城。——译者

④ 指希腊哲学家柏拉图，柏拉图在他的作品“克罗雪斯”（Critias）中有过这一类的描写。——原编者

美丽的城市、清秀的山峦，还有可以航行的四通八达的河流，像带子一样地环绕着这些城市和殿堂。人们要登临这些地方可以循着长长的天梯走上去。这些记叙和描写是富有诗意的，使人难于置信的，然而却又是非常真实的。我们所说的这个大西岛上的国家，和秘鲁（当时叫作柯亚）、墨西哥（当时叫作泰兰贝耳），都是富强的，有强大的武力、无数的船舶和大量的财富。有一个时候或者是至少在十年之内这两个国家举行过两次远征，泰兰贝耳人经过大西洋到地中海，柯亚人经过南海到了我们这个岛上。你们的那位作家曾经转述一个埃及僧侣的话，谈到那个到欧洲去的远征，说当时确是有这样一回事。至于究竟是不是古代雅典人把那次远征的武力打败了，我说不上来，不过，确是没有一只船或者一个人从那一次航行归来。至于柯亚人到我们这里的航行，如果不是他们遇见了比较宽厚仁慈的敌人，也不会有好结果。当时这个岛上的国王名字叫作阿尔特宾，是一个聪睿的贤人，也是一个勇敢的武士。他知己知彼，应付裕如；他切断了敌人陆上兵力和船只的联系，使他们的陆军和海军都陷入重围，然后以海陆双方面的优势兵力，迫使敌人不战而降。敌人在降服之后，对他宣誓永远不再反抗，于是他把他们安全地释放了。

“但是，在这些好大喜功的远征之后不久，他们就遭到了天谴。因为还不到一百年，大西岛就完全被毁灭了，不是由于你们所说的地震（因为整个那块地方是很少有地震的），而是由于一次部分的水灾或者说洪水。今天，那个地方有比旧世界任何地方都高得多的高山和大得多的大河，能够灌注洪水。但当时的洪水确是不深的，在许多地方离地面不超过四十英尺，所以虽然它毁灭了人类和野兽,但有些住在森林里边的野人却得免于难。鸟类因为飞到高树和森林的顶梢也得到了安全。至于人,虽然他们在许多地方的房子高出于水面,但这次不深的洪水却经久不退,所以被围起来的人们不死于沉溺,也死于食物和必需品的缺乏。

"所以,你们对于美洲人口的稀少,对于那里人们的野蛮和愚昧不要感到惊奇。你们应该知道,美洲的居民是一个年轻的民族,至少比世界其他各民族年轻一千年,因为在世界大洪水和他们那次部分洪水之间已经过了很久的时间。在他们山上劫后留下来的可怜的人类,重新慢慢地、一点一点地在那个地方定居下来,他们是简单的野蛮人(与挪亚和他的儿子是地上的唯一家族不一样),不能给他们的后代留下文字、技艺和文明。他们像在山上住着的时候一样(那些地方特别冷),习惯于披着那里有的虎皮、熊皮和长毛的山羊皮。当他们逐渐移到下面的溪谷,感觉到热得难以忍受,不知道怎样得到轻薄的衣衫的时候,他们就被迫裸体,一直继续到现在。不过他们特别喜爱鸟毛,并以这种装饰为骄傲,这也是从他们山上的祖先那里传来的,因为山下是洪水,无数的鸟飞到高地,所以养成他们祖先的这种习惯。你们看,就是由于这个大天灾,我们和美洲人断绝了来往,而过去因为他们离我们最近,同他们之间的贸易最频繁。

"至于世界其他各地,显然在以后几个世纪当中,或者由于战争,或者由于天运循环,航行在各处都大为衰落,特别是远洋航行(因为当时多用大划船,而这种船是不能远涉大洋的)几乎完全停止和绝迹。所以交往的一方,从很多国家可以到我们这里来的航行,很久以来除有些像你们偶然到这里来的情况而外,都停止了。

但交往的另一方,我们到其他国家去的航行为什么停止,我还必须对你们说出它的原因。如果我要说真话,我就不能不说,我们的船只的数目、力量、航海人员、领航员以及属于航行的一切都和过去一样强大。那么,为什么我们要坐在家里呢?我们不能不原原本本地讲给你们听;这样将接触到你们所问的主要问题而使你们满意。

“约在一千九百年以前,一位国王治理着我们这个岛。我们永远崇拜他的伟大业绩,并不是由于迷信,而是由于他虽然是一个活在世上的人,但却能替天行道。他的名字叫所罗蒙那;我们都尊他为我们国家的立法者。这位国王宽仁大度,广行善政,一心一意为他的国家和人民谋幸福。他认识到这个国土是可以自给自足而不需要外邦人帮助的:它方圆有五千六百英里,大部分土地特别肥沃;这个国家的船舶可以做很多的工作,如航行、捕鱼和进行各个港口之间的运输,也可以航行到这个国家统辖之下的周围附近各岛。他看到了当时这个国度的兴盛繁荣景象和无以复加的幸福,他觉得自己崇高而远大的理想已经完全实现,而现在唯一要做的就是怎样就自己所见到的,永远保持住人民现在已经获得的幸福生活。所以,他在这个国家的根本法律之中公布了一些限制外邦人入境的禁令,以免受外来的奇闻异事和殊方异俗的影响。当时虽然已在美洲的大灾难之后,但仍有不少的外邦人常到此地来。诚然,这种不得许可不准外邦人入境的法律是一种中国的古老法律,并且现在仍在继续实行,但在那里,它是一种很坏的法律,使中国人民成为古怪、愚昧、怯懦和蠢笨的民族。我们的立法者却使他的法律具有另外一种性质。因为首先,他保存了所有的人道主义

精神，对所有遭到苦难的外邦人实行照顾和救助，就像你们现在所亲身体验到的一样。”

在他讲到这里的时候，我们（理所当然地）都站起来鞠躬致谢。他接着说：

“我们的国王还愿意把人道主义和国家政策结合起来。他认为违反外邦人的意志把他们羁留在这里是不合于人道的；而让他们回去把这里的事情讲出去是不合于政策的，因此，他采取了这样的措施，公布了法令：无论何时准许在此地登陆的外邦人的数目只能与愿意离开此地的外邦人的数目相等，而对愿意留在此地的外邦人则一律由国家维持其生活，并给以最优厚的待遇。在这一点上，国王是有远见的，因为在这个禁令公布后的许多世纪中，我们不记得有一条船曾经离此回国，而且好几次加在一起也只有十三个人愿意离开此地。这些少数人回去之后怎么说我不知道。但你们可以想象得到，不管他们说什么，听的人也一定认为他们所到的地方是在梦境里。至于我们从这里到外地去的旅行，我们的立法者认为应该完全禁止。在中国并不是这样。中国人可以随意航行到各处，这就说明他们限制外邦人入境的法律是一种怯懦和恐惧的表现。我们的限制也有一个例外，这是值得赞扬的，那就是在取其长、弃其短、趋其利、避其害的情况下可以与外邦人交往。现在我就要向你们说明这些事情。说到这里，我似乎有一点离题，不过你们慢慢就会发现它还是与本题有关的。

“亲爱的朋友们，你们要知道，我们那位国王的许多光辉的事迹当中有一件最突出的，那就是我们称之为‘所罗门之宫’的兴建和创办。它是一个教团，一个公会，是世界上一个最崇高的组织，

也是这个国家的指路明灯。它是专为研究上帝所创造的自然和人类而建立的。有些人认为它的名字被讹传了,因为应该按照它的创建者的名字叫做'所罗蒙那之宫'。但历史按照当时人们的口语把它记载下来了,所以我也就认为它是以希伯来人的国王[①]的名字命名的。这位国王在你们当中是有名的,而对于我们也并不陌生;我们还保存有他的几部著作,而在你们那里却已经失传了。例如他写的《博物学》这部书,是一部关于一切植物,从黎巴嫩的香柏木[②]到生在墙上的苔藓,以及一切有生命、能活动的东西的著作。这件事使我想到,我们的国王发现他自己在许多事情上都和比他早生许多年的希伯来王相合,因此用这个组织的名字来纪念他。我现在也很倾向于这种意见,因为我在古代的典籍中发现,这个教团,这个公会有时叫作'所罗门之宫',有时叫作'六日大学',从这里我们可以知道,大概我们的贤明国王从希伯来人那里知道了上帝创造世界和世界上的一切东西是在六天之内完成的,所以他在建立这个研究一切事物本质(上帝为了创造这些事物而获得更多的光荣,人们为了能使用它而获得更多的果实)的组织时给它取了另一个名字。

"现在还是回到本题上来吧。国王在禁止他的人民航行到任何不属于他管辖下的地方去的同时,还发布了这样的命令:每十二

① 《圣经旧约》中《列王纪》第二章到第十一章记所罗门事甚详。所罗门(Solomon)是希伯来人的贤王。神赐给他极大的智慧聪明和广大的心,如同海沙不可测量。所罗门的智慧超过东方人和埃及人的一切智慧。他做以色列众人的王共四十年。——译者

② 《列王纪》第七章说,所罗门王建造黎巴嫩林宫有香柏木柱三行。——译者

年要从本国派出两条船，作几次航行；每条船上要有‘所罗门之宫’里三位弟兄组成的一个使节团，他们的任务就是研究要去访问的那些国家里的一切事物和情况，特别是全世界的科学、艺术、创造和发明等等，而且还要带回来书籍、器具和各种模型。当这三位弟兄在别的国家登陆后，船只须立即回国，他们三个人要一直留在外邦等到下一次的使节团去替换他们。这些船满装着食品、粮食和大量的财富珠宝，准备留给使节团的弟兄们，供他们用来购买他们认为应该购买的东西和酬谢他们认为应该酬谢的人。现在，我还要对你们讲一讲，一般的海员们怎样在陆地上躲藏起来不让别人发现，在留在岸上的期间怎样冒充外国人，这些航行都到什么地方去，新的使节团和旧的使节团在什么地方会面，以及诸如此类照例的事情，这些事情我本来可以不讲，因为你们不一定愿意听。不过从这些事情上，你们可以看到，我们所从事的贸易不是为了金银珠宝，也不是为了丝绸香料，更不是为了其他商品之类的东西；我们是为了上帝首先创造出来的东西，那就是光，我是说，为了得到世界各个地方所产生的光。”

他说完了这些话，我们彼此全都沉默起来，因为我们所有的人都对他所讲的那些生动真实的奇怪事情感到惊讶。他觉察到我们有些话要说，但并没有准备好，因此很有礼貌地给我们以机会，并垂问一些关于我们的航海和遭遇等一类的问题。他最后在结束时说，我们自己可以很好地想一想，到底需要在岛上停留多长时间，并且告诉我们不要过于客气，可以把时间放长一些，因为他将尽力使我们所需要的时间获得批准。谈到这里时，我们都一致起立请求吻他的围巾的边缘以表示感激，但他不肯接受，站起来走了。当我们的人听说这里的国家照例对要留下来的外邦人给以最优越的生活待遇时，很多人都不管我们的船只了，并且想到馆长那里去要求地位。我们费了九牛二虎之力才把他们阻止住，至于以后到底怎么办，是留下还是离去，等大家一致同意之后再作决定。

我们看到自己没有毁灭的危险，又感觉到自己是能这样自由而兴高采烈起来。我们外出到邻近地方和城内各处去游玩和观光，认识了很多城里的人，他们虽然都是平平常常的人，然而却是和蔼可亲，慷慨好客，同我们一见如故，使我们忘记了我们家乡的可爱的一切。我们还看到了许多值得观察和研究的东西，的确，如果世界上有什么足资借镜的地方，那就是这个最值得我们注意的国家。

有一天，我们之中的两个人被约参加一个当地人所说的“家宴”。这是一个非常普遍、虔诚和庄严的风俗，说明这个国家里存在着一切美德。它的情况是这样的：任何人如果能活着看见自己的三十名儿孙后代，全都健在而且都在三岁以上，就由国家出钱为他举办这种大宴会。这个家庭的家长（他们管他叫作“铁尔山”）在宴会的前两天可以邀请他自己选择的三位朋友，并在举行宴会的本城或者本地行政长官的协助之下，把家庭的所有男女成员召集在一起。在这两天里，“铁尔山”坐下来研究整个家庭的生活状况。如果家庭成员之间有什么不和或者争端，就在那里予以消除和和解；如果家庭里的任何人陷于痛苦或者贫困，就予以解救和生活上的帮助；如果任何人为非作歹，趋于堕落，就要受到责备和惩罚。同样也对于婚姻问题、职业问题、生活方向问题等等给予种种不同的指示和训诫。如果“铁尔山”的这些命令和谕示不被遵行，行政长官最后就用他的权力来协助执行。但这种情况是很少见的，因为他们非常尊重和服从自然的规律。“铁尔山”还要从他的许多儿子当中挑选出一个人来和他住在一起，这个人以后就被称作“葡萄藤下的儿子”，理由以后再说。

在宴会的那一天，这个家长或者“铁尔山”在进行祈祷之后，来到举行宴会的一间大屋子里。这间屋子上首的一端有一个平台，在平台的中间靠着墙，为这位家长安放着一把椅子，椅子前边是一张铺着桌毯的桌子。椅子上边是用常春藤做成的圆形的或者半圆形的华盖，这种常春藤比我们的常春藤颜色略白，很像白杨树叶子那种颜色，不过更富光泽，这是因为它经过冬天也不枯萎的缘故。这个华盖是用各种颜色的银丝和丝线交织或缠缚在常春藤上制成的，是这个家庭中的一些姑娘们的手艺，顶上还蒙着一张用银丝和丝线结成的精致的网。但它确实是由常春藤做的；所以在取下来之后，这个家族的朋友们都愿意得到一枝或一叶作为纪念。

“铁尔山”入场的时候率领着他的所有后代儿孙，男人在他的前边，女人在他的后边。如果其中有一个传留这些后代的母亲，就在椅子右首阁楼上边挂上一个帐幔，装上暗门和涂着金色和蓝色的雕花玻璃窗子，让她坐在那里，但人们却看不见她。“铁尔山”入场后坐在那把椅子上，他的后代依长幼次序不分性别地靠着墙站在平台的侧面和他的后边。他坐下之后，屋子里已经挤满了人，但是秩序井然；在休息了一会儿之后，从屋子的另一端走进来一位“特拉坦”（他很像一个掌礼官），在他的两边各有一个小童，一个拿着一卷黄色发光的羊皮纸文件，另一个拿着一串长梗的金葡萄。掌礼官和两个儿童都穿着水绿色缎子的斗篷，掌礼官的斗篷镶着金边，下摆很长，曳在后面。

掌礼官三次低头行礼，前进到平台之前，先从小童手里取过羊皮纸文件。这个文件是国王的敕书，其中载明赐给家长的礼品、特权、特免权和荣誉。这个文件开头总是这样称呼："给我们最可爱的朋友和债权人"，而且只有在这种情形下才能用这个称呼。据他们说，国王除了对那些替他蕃息臣民的人之外，不欠任何人的债。国王敕书上所盖的印，是黄金铸成的国王浮雕像。这种敕书虽然是照例颁发，而且是一个当然的权利，但也随着每一个家族人数的多寡和荣誉而内容有所不同。掌礼官高声宣读这个敕书，在读的时候，家长或者"铁尔山"在他所选择的两个儿子扶掖之下肃立静听。然后掌礼官登台，把敕书交到他手里，这时，所有在场的人齐声赞颂，"本色列的人民幸福无疆！"

然后，掌礼官再从另一个小童手里连梗取过那一串金葡萄来。葡萄被涂饰得非常美观，如果这个家庭里男子多，葡萄就涂紫色，顶端缀以太阳；如果女子多，葡萄就涂作草黄色，顶端缀以新月。葡萄粒的数目与这个家族后代的人数相等。掌礼官把这一串金葡萄也交给"铁尔山"，他接过来之后，立刻交给他以前选出与他同住的儿子的手里。以后，这个儿子在他的父亲外出时，就手持这串葡萄引导前行，作为光荣的标记，所以他被称作"葡萄藤下的儿子"。

在这个礼节结束之后，家长或者"铁尔山"退席，过一些时候重新出来参加宴会。他像以前那样，一个人独坐在华盖之下，他的后代除了属于"所罗门之宫"的人之外，不论有多么高的品级和荣誉也不能和他同坐。他的孩子们对他跪着送饭送菜，并且只限于男人，女人则只能在周围靠墙站立。平台下边屋子两边摆着席位，招待请来的客人。他们的筵席是精美丰盛的，在宴会快要终了时(最大的宴会也不超过一个半小时)，大家合唱赞美诗，诗体随着创作者的天才而不同(他们有杰出的诗歌天才)，不过题目永远是赞美亚当、挪亚和亚伯拉罕[①]，因为前两个人使这个世界上人丁兴旺，后一个人是信徒之父，最后大家一起为救主的诞生而感恩，因为只有救主的诞生才使一切人的诞生有福。

宴会完了，“铁尔山”再次退席。他自己一个人到私室去祈祷，然后，第三次出场，对他的全体后裔祝福，这些人像第一次那样，站在他的周围。他随意地一个一个叫出他们的名字，但很少打乱长幼的次序。被叫到名字的人(这时桌子已经移开)跪到椅子前边，由家长把手放在他或者她的头上，用以下的话来祝福：“本色列的儿子(或者本色列的女儿)，你的父亲，给你呼吸和生命的人现在对你说话，永在的天父、和平使者、圣鸽赐福给你，使你在人生的旅途上长寿和幸福。”他对每一个人都这样说，如果他的儿子当中有任何功绩昭著、德行优异的人(不超过两个人)，他就把他们再叫到面前站立，把他的手臂搭在他们的肩上对他们说：“孩子们，你们没有白白来到世界上，应该赞美上帝，并且希望你们能贯彻始终。”说完之后，他赠给他们每个人一件镶有宝石的饰物，制成麦穗形，以备他们以后在头巾或者帽子上佩戴。这些事情完了之后，他们就开始按照他们的习俗举行音乐演奏、跳舞以及其他娱乐，一直到这一天整个过去。这就是这个宴会的全部情况。

① 《创世记》中说，亚伯拉罕是以色列的始祖，他因饥荒下埃及，神允许他的后裔多如众星。——译者

这时，六七天已经过去了，我直接地认识了一个本城的商人，他名叫乔宾。他是一个犹太人并且行过割礼。这里只有很少的犹太人后裔留下来，他们并且允许这些人信奉自己的宗教。这样做是好的，因为这些犹太人和世界上其他各地的犹太人性情不同。其他地方的犹太人仇恨耶稣的名字，而对于他们住居的地方的人民内心里也怀有恨怨。这里与这些情况相反，他们竭力赞美我们的救主，热爱本色列这个国家。我所说的这个人毫无问题地承认耶稣是处女所生，不是一个普通的人，他并且会讲上帝怎样使耶稣成为领袖，来管理那些守护他的宝座的天使。这些犹太人用"仁慈的化身"、"救世主的前导"和许许多多其他高贵的名字称呼耶稣，虽然这些名字与他的神圣尊严不完全相称，然而却与其他地方犹太人的语言有很大的不同。

谈到本色列这个国家，这个人赞不绝口，他希望人们按照犹太人的传说相信这里的人是亚伯拉罕的后代，是亚伯拉罕的另一个他们称之为拿鹤兰的儿子传留下来的。这里现在所用的法律是摩西当年秘密制定[①]的本色列的法律；当救世主下降到耶路撒冷坐到他的宝座上时，本色列的国王就坐在他的脚边，而其他国王却离开很远。撇开这种犹太人的梦想不说，我认识的这个人确是一个聪明智慧、博学多能的人，而且对于当地的法令和风俗习惯非常熟悉。

有一天，我在和他谈话的时候告诉他，我从参加过他们的"家宴"的那些人那里知道了这种风俗，并且很受感动，认为从来也没

① 《申命记》第三十一章说，摩西曾为以色列人制定法律。——译者

有人这样严肃地对待过生成造化的道理。因为家族的传宗接代是由婚配而来的，所以我希望从他这里知道他们有哪些关于婚姻的法律和习俗，是不是对于婚姻有利，是不是一夫一妻制。凡是希望人口兴旺的地方，一般都是准许一夫多妻的，这里似乎也应该是这样。

对于这番话，他回答说："你称赞'家宴'那个优越的制度是有道理的，据我们的经验，凡是有幸运举行那种宴会的家庭，以后都特别繁荣昌盛。现在你听着，我就告诉你我所知道的一切。你会看到普天之下没有一个像本色列这样纯洁的民族，也没有一个民族能像本色列这样免于荒淫污秽的，这真是全世界上的童贞女。我记得我在你们欧洲的一本书里读过一个圣洁的隐士想要看看'通奸之神'，因而在他面前出现了一个肮脏丑恶的小黑人的故事。如果这个隐士想要看到'本色列的贞洁之神'，我相信在他面前出现的一定是和一个纯洁美丽的小天使一样的神。因为在有血有肉的活人中间，没有东西能够比这里人民的品性再坚贞纯洁值得赞颂的了。所以这里没有妓院，没有娼寮，没有妓女，也没有任何那一类的东西。甚至于他们对你们欧洲准许这些东西的存在感到奇怪（也含有憎恶）。他们说，你们放弃了结婚；因为结婚是规定作为不正当的色情的补救办法，而正当的色情似乎是刺激结婚的一种力量。但当人们能够得到一种更适合于他们的堕落欲念的补救方法时，结婚就被放弃了。所以你们当中有很多人不结婚，宁愿过一种自由而不纯洁的独身生活，而不愿受到婚姻的限制；很多结婚的人也结得很晚，已过了他们年富力强的时期。有的人虽然结婚，但把结婚看做一种交易，从而进行势力的结合，或者取得妆奁或者声

名，而具有各种不同的从中获利的目的。结婚已经不是像最初规定的那样一种夫妇之间的忠实的结合了。这些人既然如此卑劣地大量虚耗了他们的精力，他们对于子女（自己的血肉）自然也就不可能有很大的重视。如果这些事情在婚前因为有必要而加以容忍，那么结婚后的同样情况是不是得到了应有的纠正呢？没有，这类事情仍然保留着作为对于结婚的一种侮辱。已结婚的人到妓院娼寮去寻花问柳并不比没结婚的人多受惩罚。弃旧怜新的堕落风尚，狎昵拥抱的放浪笑谑（把犯罪当作艺术），使人们厌恶结婚生活而认为是一种负担。这里的人也听说过你们替这些事情辩护，认为这样可以防止更大的罪恶，像奸淫、破坏处女的贞操、不正当的淫欲等等。但他们认为这是一种荒谬可笑的想法，他们管它叫作'罗得的提议'[①]，他为了保全他的客人免于受迫害，但却献出了自己的女儿。不，他们还进一步说，这种办法一点也得不到好处，因为同样的恶德和欲念照旧存在，并没减少；不正当的欲念好比一个熔炉，如果彻底扑灭它的火焰，它就会熄灭，如果给它留一个出口，它就会越燃烧越旺盛。至于男人与男人的同性爱，这里是没有的，可是世界上没有一个地方能再有像这里所见到的忠诚信实的友谊。总起来说（如我过去所说的），我从来也没有看见过像此地这样坚守贞洁的人民。他们常说，不贞洁的人就不能自尊自重；他们说，一个人的自尊自重是克服万恶的首要条件，而且它的重要性仅

① 《创世记》第十九章说，两个天使到了罗得的家里，所多玛城里各处的人都来围住罗得的房子，要罗得把客人带出来任他们施为。罗得出来，把门关上，到众人那里说，众弟兄请你们不要作这恶事。我有两个女儿，还是处女，容我领出来任凭你们的心愿而行，只是这两个人既然到我舍下，不要向他们做什么。——译者

次于宗教。”

这位犹太人说完了这些话，停顿了一会儿。我是愿意听他讲下去而不愿意自己说话的，但想到在他停止讲话的时候，如果我也默不作声，未免不通人情，所以我就对他说，像撒勒法的寡妇和以利亚说的话一样，他的到来使神想起了我们的罪恶①，我不能不承认本色列的道德是高于欧洲的。他听了我的话，微微鞠躬，并且继续这样讲下去：

“关于婚姻，他们有很多用意深远的完善法律。他们不准许一夫多妻制。他们规定男女初次见面之后，不经过一个月不许结婚或订婚。不得到父母同意的婚姻仍然有效，但在继承上要受罚；这样结婚的男女继承他们父母的遗产不得超过三分之一。我曾经在你们同胞当中的一个人所写的一本书里②读到过一个捏造的共和国的故事。在那里，要结婚的男女双方在订婚之前，准许彼此裸体观看。这是此地人所不喜欢的，因为他们认为在彼此有了这种亲昵的了解之后，如果订婚遭到拒绝，那将是一个莫大的侮辱。但是因为男人和女人的身体上难免有许多缺陷，所以他们采取一种较文明的办法：在每一个城镇的附近都有一对池子（他们把这两个池子叫作亚当池和夏娃池），准许男人的一个朋友和女人的一个朋友各自看着他们裸体沐浴。”

当我们正在这样谈话的时候，一位穿着漂亮短斗篷的使者模样的人来了，他和犹太人讲了一些话。犹太人于是对我说：“请你

---

① 见《圣经旧约》中《列王纪上》第十七章。——译者

② 指英国作家莫尔所写的《乌托邦》。——原编者

原谅，我现在有急事必须离开。”第二天早晨他样子很高兴地来告诉我，“本城的行政长官得到通知，‘所罗门之宫’的一位元老将于七天之后到这里来。我们已经有十年以上没有看到他们了。他这次来是公开的，但他为什么到这里来，却是保守秘密的。我将给你和你的同伴们找一个好的地方去看他的入城仪式。”我向他致谢，并且告诉他我非常高兴听到这个消息。

到那一天，元老果然进城了。他是一个中等身材的中年人，相貌清秀，看上去很是宽厚仁慈。他穿着上等的衣料制成的黑袍子，有宽大的袖子和一个披肩，他的衬衣是美好的白色亚麻布制成的，直拖到脚面，他腰间系着同样材料的带子，脖上子还围着同样材料的围巾。他戴着样式新奇的镶着宝石的手套，穿着桃色的天鹅绒制的鞋。他袒露着双肩。他的帽子像一顶头盔，或者一顶西班牙的骑士帽，在那下边露着整洁的棕色的鬈发。他的胡须修得很圆，和他的头发是同样颜色，不过略淡一些。他坐在一辆华丽的车子上，但却没有轮子，而是由两匹披着蓝色绣花天鹅绒的马一前一后把它架起来，左右并各有一名马夫穿着蓝色天鹅绒的装束。车子完全是由柏木制成的，涂着金漆，镶着宝石；前端镶嵌着好几块蓝宝石，四周饰着金边，后边镶的是翠玉。车顶中间有一轮闪闪发光的金色太阳，车顶前边有一个展着双翅的金色小天使。车厢上还蒙着蓝色丝绒绣着金线的毯子。他的前边有五十名侍者，全都是青年人，敞穿着长可及膝的白缎子外衣，高筒白丝袜子，蓝色天鹅绒的鞋子；他们戴着蓝色天鹅绒的帽子，帽檐周围插着各种颜色的美丽羽毛，像帽带似的。紧靠着车子前边有两个人，光着头，披着亚麻布的拖到脚面的外衣，系着带子，穿着蓝色天鹅绒的鞋，一个

人手执一支十字杖，另一个拿着一支像牧羊杖一样的牧杖。它们全不是金属做的，那支十字杖是檀香木的，那支牧杖是柏木的。元老的车子前后并没有骑士，好像是他有意避免一切嚣闹和纷扰似的。车后边跟随着全城的官员和首长。元老一个人靠坐在车子的蓝色丝绒靠垫上，脚下是各种颜色的美丽的丝织地毯，好像是波斯制造的，却精致得多。他前进的时候举起一只不戴手套的手，好像是在替人民祝福，但没有说话。街道上秩序井然；从来没有一个军队的队伍能像两边站着的人群排列得那么整齐。窗子里边的人也并不拥挤，每个人站在窗口，好像事先曾安排过的一样。

当这个行列过去之后，犹太人对我说，“我不能按照我的心愿来陪你了，因为本城派我去招待这位伟大的人物。”三天以后，犹太人又来和我说，“你们真是有福气的人，因为‘所罗门之宫’的元老知道你们在这里，命令我告诉你们，他将接见你们全体，并和你们推选出来的一个人作私人会谈。他定在后天接见，并且为了向你们祝福，时间定在上午。”

我们准时前往，并且同伴们推选我去作私人会谈。他在一间华美的房间里接见我们。周围挂着精致的帷幔，地上铺着地毯，但宝座前并没有阶梯。他坐在一个装饰得很华丽的矮矮的宝座上，头上有一个蓝缎子绣花的华盖。除了他左右两边各有一名穿着漂亮的白衣服的侍者外，只有他一个人。他穿的衬衣和我们那天看到他在车上穿的一样，但没有穿长袍子，而是披着一件同样黑色料子的有披肩的斗篷，紧紧地围在身上。我们进门以后，按人们叮嘱的那样，先深深地鞠躬。我们走近他的椅子时，他站起来，伸出他不戴手套的手，做出祝福的姿势。我们每个人都弯下腰去，吻他的围巾的边缘。在这以后,我们其他的人都离开了,我一个人留在屋子里。他命令那两名侍者退出室外,让我坐在他旁边,就用西班牙语这样对我讲起来:

“上帝祝福你,我的孩子;我将赐给你我所有的最大的珍宝。为了上帝和人类的爱,我将告诉你一些关于‘所罗门之宫’的真实情况。孩子,为了使你了解‘所罗门之宫’的真实情况,我将按这样的顺序来讲:第一,我将告诉你我们这个机构的目的;第二,我们的措施和设备;第三,我们的成员所担负的工作和任务;第四,我们所遵守的法令和仪式。

“我们这个机构的目的是探讨事物的本原和它们运行的秘密,并扩大人类的知识领域,以使一切理想的实现成为可能。

“我们的措施和设备是这样的:我们有各种深度的又大又深的洞穴,最深的有六百呎[1],有一些是在山底下掘的,所以如果你把山的高度和洞的深度计算在一起,有一些就会超过三英里深。我们发现从山顶到平地和从平地到洞底是一回事,因为都是同样远离太阳和天上的光线,都不是露天的。我们管这些洞穴叫作下层地区,我们用这些洞穴来凝结、僵化、冷冻和保存各种物体。我们也在那里仿造各种天然矿物,并把我们所用的化合物和原料,以及埋藏在那里多年的物质,生产出人造金属来。说来也许奇怪,我们有时也用这些洞穴来治疗某种疾病和作为延年益寿之用,愿意住在那里的隐士们获得一切必需品的供应,的确能活得很久。我们通过这些人可以学习到许多东西。

---

① 呎(Fathom)是一种度量的标准,一呎等于六英尺。——译者

“我们也像中国人埋藏陶器一样在许多洞穴里埋藏一些各种各样的胶泥制品，不过它们的种类比中国的陶器更多，形式更美。我们知道各种不同的制造腐殖土和制造使土壤变得更肥沃的复合肥料的方法。

“我们有高塔，最高的达半英里，有一些建造在高山上，连山带塔最高的至少有三英里。我们管这些地方叫作上层地区，把上层下层之间的地方叫作中层地区。我们按照这些高塔的不同位置和不同高度用它们进行曝晒、冷却、保存，并用它们来观察气象，如风、雨、雪、雹和其他突变的气象。在这些塔上，有些地方住有隐士，我们有时也访问他们，告诉他们应该观察些什么。

“我们有很大的咸水湖和淡水湖，在那里我们可以养鱼和水禽。我们也有时在那里埋藏一些自然物体，因为我们发现东西埋藏在土里或者通空气的地底下，是和埋藏在水里不同的。我们也有池子，有的人从盐池中汲出淡水，也有人用技术把淡水变成盐水。我们在海的中央有岩石，在海岸上有港湾，在那里可以进行那种需要利用海上的空气与雾气的工作。我们同样还有奔放的河流和汹涌的瀑布，给我们提供许多动力；同样还有许多机器来增加和加强风力，以发动各种机器。

“我们还有不少人造井和温泉，是仿照天然的泉源和温泉造成的，带有胆矾、硫磺、铁、铜、铅、硝石等等矿物的颜色。我们还有一些小井，那里边的水能够浸泡许多东西，效力比放在容器和盆子里的水更大、更快。其中有一口井我们称作‘天堂之水’，经过处理以后特别有增进健康和延年益寿的功效。

“我们还有宏伟宽敞的建筑，在那里进行气象研究和试验，如降雪、降雹、降雨——人工的实物雨，不是水滴——还有霹雷、闪电等等；我们也研究和试验万物在空气中的化生，如青蛙、苍蝇等等。

“我们还有一些疗养院，我们管它们叫作保健院。我们可以调节那里的空气，使适合于治疗各种疾病和保持健康。

“我们还有许多清洁而宽敞的浴池，水里掺有各种药水，能够治疗疾病和祛除人们身体的过度疲劳；有的能增强人们的体力、各部分的机能，使他们精力充沛，肌肉发达。

“我们还有各种巨大的果园和花园，我们所特别注意的不是风景的优美，而是土壤的性质和肥沃的程度，看它是不是适合于种植各种树木和花草。除葡萄园以外，还有很大的种着各种果树和浆果的果园，可以用果子酿制各种酒类。我们对于各种野生的树木和果树做各种嫁接和萌芽的试验，获得了良好的效果。我们在这些果园和花园里应用各种技术，使树木花草的成熟早于或晚于它们的季节，并更快更多地结出果实来。我们应用技术使它们生长得更高大，使它们结出的果子更大、更甜，有各种异乎寻常的色、香、味和形状。我们把其中许多种加以培养，供医学上使用。

“我们还有方法使植物从各种混合的土壤中生长出来而不需要种子，同样也能生产出各种异乎寻常的新品种，并且能使一种树或者一种植物变为另外的一种。

“我们还有许多动物园养着各种鸟兽，这不仅是为了它们的珍异而作观赏之用，也是为了解剖和试验，把得到的知识应用到人体上。在这些事情上，我们发现了许多使人惊奇的效果，有的身体上极重要的部分已经死亡或者被割掉，但还能照旧活下去，有的看上去已经死了，但还能复苏等等。我们在这些动物身上试验各种毒素和药品，外用的和内服的。我们用各种技术使它们长得异常高大，或者相反地使它们特别矮小或者停止生长，我们使它们有特别强的繁殖力，或者相反地使它们失去繁殖能力，不能蕃育生息。我们也能使它们的颜色、形状、习性等等发生各种变化。我们也有办法使不同种类的鸟兽实行杂交，不但不像一般人所想的那样不能生育，而且能生出新种。我们使腐败物中生出爬虫类、蠕虫类、蝇类和鱼类，结果有一些竟进化成为较高级的生物如鸟兽等等，不但有性别，而且能繁殖。我们也并不是偶然获得成功的，而是事前就知道用什么物质和什么混合物能生出什么样的生物来。

“我们还有特殊的池塘养着鱼类，像上边所说的对鸟兽一样，在鱼类身上做试验。

“我们还在一些地方养育着有特殊用处的昆虫，就如同你们养的蚕和蜜蜂一样。

“我不预备多占用你的时间来听我讲述我们的酒厂、面包房和厨房，在那里我们能做出各种最精美的酒类、面包和肉食品。关于酒类，我们有葡萄酒和各种露酒、果汁酒、米酒、药酒；还有各种蜂蜜、蔗糖、甘露和果汁的混合的酒类；还有树汁、蔗露等所造的酒。这些酒类已经保存了上百年，有一些也有三四十年。我们还用各种植物、各种草根和各种香料来酿酒；有的竟是用兽肉和鸡肉酿成的，所以有几种酒实际上既是酒又是肉，有些人，特别是老年人，喜欢用这样的酒，而不愿吃肉食和面包，即使吃也吃得很少。最重要的是，我们竭力把酒酿造得十分柔和，使它的力量能够慢慢地灌注全身，叫人并不感到强烈和刺激，以至于有伤身体；其中有几种滴在手背上，很快地就会使手掌感到温暖，但喝到嘴里却非常柔和。

我们还制造各种能营养身体的饮料，它们等于很好的酒，所以有的人就不再用别的饮料了。我们有各种粮食、植物根和果仁做的面包，有的是用干肉、干鱼做的。做的时候使用了各种发酵剂和调味剂，所以有些面包不但味美适口，而且非常富于营养，只吃这些面包而不用肉食就能长寿。关于肉食，我们把一些肉捣碎，烧得又烂又嫩，却并不变质，使消化能力弱的人吃下去立刻成为乳糜，对于消化力强的人，我们给他们准备另外一种肉食。我们还有一些肉类、面包、酒类，人们吃了可以长时期不饿；还有一些，人们吃了可以使身体变得更为结实健壮，富于弹性，他们的体力也比不吃这些东西时大得多。

“我们有药房和药店。在那里，你们一定会容易想到，既然我们动植物的种类比你们欧洲多(我们知道你们有很多)，那么我们也一定有更多的各种各样的药草制剂、药材和药品了。我们有新陈不等的和各种长期炮制的药品。为了配制这些药品，我们不仅用微火、各种过滤器和各种物质做最完善的过滤和分析，而且用最准确的配剂方法，使药品配成之后如同天然产品一样。

“我们还有你们所没有的各种各样的制造技术；制造出来的东西有纸张、布匹、丝绸、纱绢、美丽而颇富光泽的羽毛制品、优良的染料和其他等等物品。有的工厂制造的这一类产品是专为大众用的，有的不是。你知道，上面提到的这些东西多半已经在我们全国普遍使用，但如果有了什么新的发明创造，仍可作为样品试用。

“我们还有各种各样的熔炉，保持各种不同的热度：猛烈而短暂的，强大而持久的，微弱而温和的；有的吹风大，有的吹风小，有的是干热，有的是湿热等等。但主要的是我们仿造的太阳热和天体热，经过各种均差、各种轨道（可以这么说）、进路和回路，从而产生意料不到的效果。此外，我们还有生物的粪便的热、肠胃的热和它们的血液和身体的热，以及草木发酵和石灰淬水所发生的热等等。还有专靠运转便能生热的器械。此外我们有一些可以进行曝晒工作的阳光充足的地方，以及在地下能够天然地或者人工地产生热力的地方。我们用这些不同的热，作为我们要进行的各种操作所需要的力量。

“我们还有光学馆，在那里我们做各种颜色的光线和辐射的试验；我们能使无色透明的东西变成有颜色的东西，不是像宝石和棱镜中所呈现的那种虹彩，而是各种单一的颜色。我们能增加光的强度，使它照射得很远，靠着它的力量可以明辨秋毫。我们能使光线具有各种颜色，使视觉在形状、大小、动作和颜色上发生各种错觉和假象，并做各种影像的试验。我们能用你们所不知道的方法使各种物体自己发光。我们有方法看到远在天上和极远极远地方的东西，能视近若远，视远若近，造成虚假的距离。我们还能用比现在所用的眼镜更好的办法来帮助视觉。我们有办法用镜子清晰地、完整地看到极微小的物体，看到用其他办法看不到的昆虫的形状和颜色、米粒和宝玉上的瑕疵，观察用其他办法无法观察的便溺和血液。我们能人工造出彩虹、日月晕和光圈。我们能使物体的光柱发生各种反射、折射和复光。

“我们还有各种各样的宝石，大多数是非常美丽，而且是你们从来未见过的，还有各种晶石和玻璃，除了你们用来做玻璃的材料以外，其中还有变成玻璃形状的金属和其他材料。还有你们所没有的化石和半矿石。同样还有吸力惊人的磁石以及其他天然的和人造的珍贵宝石。

“我们还有音乐馆，在那里，我们做各种声音和发声的试验。我们有你们所没有的四分音和较少滑音的和声。同样，各种各样的乐器也是你们从未见过的，其中有一些比你们的乐器更柔和动听，还有优美的铿锵悦耳的钟铃。我们能使轻微的声音变为洪大低沉，使洪大的声音变为悠扬和高亢。我们能在保存原调之下发出各种震音和颤音。我们能表现和模仿各种语言的发音和歌唱，以及各种鸟啼兽叫。我们还有一种助听器，放在耳朵上可以大大帮助听觉。我们还有各种各样的奇怪的人造的回声，把声音多次地反送过来，好像有什么东西在震荡着它，有时回来的声音比发出的声音更大、更尖锐、更低沉，有时这些声音竟改变了原来的发音和音节。我们还有办法用筒子和管子，把声音传到不同的方向和不同的距离。

“我们还有香料室，和辨味的设施合并在一起。我们增多了香味的种类，有一些似乎是很特别的。我们制造香味，使所有的东西都能发出一种它原来所没有的混合香味。我们也能仿造出各种各样的美味，人们尝了以后完全辨别不出真假来。这里我们还附设有糕点室，制造各种干湿的糖果、可口的酒类、奶类、肉汤、青菜，比你们的花样多得多。

“我们还有机器馆，在那里我们为各式各样的机器装置做出各种各样的机器和工具。我们在那里仿制或试制出一些机械，其运转的速度比你们发射的步枪子弹或任何机器都快。我们借助于机轮或其他方法，能不费力气就使机器很容易地转动和发出强大的力量，比你们的机器所发出的都大，超过你们最大的大炮和蛇炮。

我们还制造各种武器军械，同样也根据新的配方制造各种火药，以及用于海战的在水中燃烧的‘希腊火’，还有供观赏和使用的各种各样的焰火。我们还能模仿鸟的飞行；我们已经有了一些飞行的方法。我们有潜行在水底和能够抵抗海浪的船只，还有游泳带和救生圈。我们有奇奇怪怪的钟表，周期和长期转动的机械。我们还制造机器人、机器兽、机器鸟、机器鱼、机器蛇，我们还有很多其他各种各样的机器，都制造得非常匀称、精美和细致。

“我们还有一个数学馆，在那里我们有制造得非常精美的几何学和天文学的仪器。

“我们还有幻术室，在那里我们能演出各种魔术、幻影、幻法和假象，并揭露其秘密。你一定会想到，我们既然有这么多真正使人惊奇的东西，如果把这些东西伪装起来，必然能够在这个喜好新奇的世界上瞒过人的眼目，使它们显得更为神奇。但我们是痛恨一切欺骗和说谎的，所以我们严厉禁止我们的人行使骗术，如有违犯，就要被认为不名誉，受到罚款的处分，因此，他们决不把原有的事情或者物品加以装点或者夸大，伪作神奇，而只是使人们看到它们的本来面目。

“我的孩子，这些就是‘所罗门之宫’的财富。

“至于我们的工作和任务，我们有十二个人以其他国家的名义（因为我们自己的国家是不让人知道的）航行到外国去，收罗各地的书籍和论文，以及各种实验的模型。我们把这些人叫作‘光的商人’。

“我们还有三个人专门收集各种书籍中所记载的试验，我们把他们叫作‘剽窃者’。

“我们有三个人收集所有关于机械工艺、高等学术的实验和不属于技艺范围的各种实际操作方法。我们把他们叫做‘技工’。

“我们还有三个人从事于他们认为有用的新的实验。我们把他们叫作‘先驱者’或者‘矿工’。

“我们还有三个人把上述的四种实验制成图表，以便于从中得出知识和定理。我们把他们叫作‘编纂者’。

“我们有三个人专门观察他们同伴的实验，从其中抽出对于人类的生命和知识以及工作实际有用的东西，能清楚地说明事物的本原和预见将来的方法，并对万物的性质和构成作出顺利而可靠的发现。我们把这些人叫作‘天才’或者‘造福者’。

“在我们全体人员举行各种会议和讨论，研究了以前的工作和搜集的各种材料之后，其中有三个人从事于新的更高级的、更深入自然奥秘的试验。我们把他们叫作‘明灯’。

“我们还另有三个人，专门执行计划中的试验，并提出报告。我们把他们叫作‘灌输者’。

“最后，我们有三个人把以前试验中的发现提高为更完全的经验、定理和格言。我们把他们叫作‘大自然的解说者’。

“正如你们必然要想到的，我们还有许多学徒和实习生，以保证能够源源接替上述各种人员的职务，此外，还有大批的男女佣人和侍者。我们还共同研究：我们所发现的经验和我们的发明，哪些应该发表，哪些不应该发表，并且一致宣誓，对于我们认为应该保密的东西，一定严守秘密。不过，其中有一些我们有时向国家报告，有一些是不报告的。

“关于我们的规章和仪式，我们有两个很长的、美丽的长廊，其中一个陈列着各种特别新奇而有价值的发明的模型和样品，另一个中陈列着主要发现者、发明者的雕像。那里有你们发现西印度群岛的哥伦布，还有轮船的发明者，你们那个发明大炮和火药的僧人①，有音乐发明者、文字发明者、印刷术发明者、天文观察的发明者、金属器具发明者、玻璃发明者、蚕丝发明者、酒类发明者、谷类和面包发明者、糖的发明者，关于这些人的传说我们所知道的比你们知道的更可靠。还有我们自己的许多伟大发明家，因为你没有看见过，说起来太长，况且你也未必能对他们有正确的了解。我们对于每一个有价值的发明都为它的发明者建立雕像，给他一个优厚的和荣誉的奖赏。那些雕像有铜的，有大理石的和碧玉的，有柏木的和其他特种木料经过金漆和涂饰的，有铁的、银的和金的。

“我们有赞美诗和乐曲，每天歌颂和感谢我主和上帝有奇妙的创造；我们还有各式主祷文，恳求主帮助我们，赐福给我们，使我们的劳动更为辉煌，成为神圣而有用的事业。

“最后，我们还巡视和访问我们全国的主要城市，并在所到的地方发表我们认为好的、有用的新发明。我们也预告自然疾病、瘟疫、虫灾、饥荒、风灾、地震、洪水、彗星，一年四季的气候和各种其他事情的到来，并指示人民如何进行防御和救治。”

他说完了这些之后，站了起来，我按照人们所教的那样跪下去，他把右手放在我的头上说，“上帝赐福给你，我的孩子；上帝也赐福给我们的会谈。为了其他国家的幸福，我准许你发表我所谈

① 此系指十三或十四世纪日耳曼的僧人和炼金术士什瓦茨(B. Schwartz)，在西方以发明火药著称。——译者

的一切；因为现在我们是在上帝的怀抱中，在一个外人所不知道的国土里。”这样他就离开了我，并拨付大约两千都开特[1]作为给我和我的同伴的奖励金。因为他们随时随地都要发出大量的犒赏。

［原稿到这里突然中断。］

① 都开特(ducat)是从前流通欧洲各国的金币名。——译者

附录 关于弗兰西斯·培根的《新大西岛》[①]

〔苏〕Φ.A.柯冈-别仑斯坦

在资本主义早期出现的一些乌托邦作品中，弗兰西斯·培根的《新大西岛》占着一个很特殊的地位。

1626年4月9日培根逝世之后，《新大西岛》作为一部未完成作品被遗留下来，1627年他的忏悔牧师兼文字遗产的执行人劳里初次将这部作品发表。据劳里说，这部作品是培根在1623年左右用英文写的，不久以后并且译成了拉丁文，“以惠其他各国人士”。

由此可见，《新大西岛》是培根在晚年写的，那时这位哲学家已具有丰富的政治经验和生活经验，他已经写出他的最主要的一些作品，他的极有名的《论文集》[②]——他的社会政治观点在《论文集》里曾有过初步的透露——已经再版过几次。

《新大西岛》是长年思考的结果。《新大西岛》中一些最主要的

① 本文是苏联科学院出版社1954年版培根著《新大西岛与论文集》一书的附录的前半部分，后半部分谈的是培根的《论文集》，与本书关系不大；这里译出前一半，供读者参考。——中译本编者

② 此书有中译本《培根论说文集》，1950年商务印书馆出版。——译者

思想在培根的脑子里早就产生了:1594 年他为圣诞节所写的那篇短剧(关于那篇短剧我们以下要比较详尽地谈到它)可以认为是后来的《新大西岛》的最初的草案。可以说,在《新大西岛》中得到发挥的、培根认为特别珍贵的某些思想是他整整一生都怀在心里的。《新人西岛》是革命前英国的主要国务活动家之一、同时也是马克思称为“英国唯物主义和整个现代实验科学的真正始祖”[①]的时代的杰出学者之一所写的具有总结意义的一部未完成稿。所以《新大西岛》直到我们今天还继续吸引着读者的注意。

* * *

作为一个学者和一个国务活动家,培根的特色是他对他那个时代有着深刻的理解,清楚地认识他那个时代的迫切社会需要和任务。培根写道,“对一个政治家说来,事情的真实情况和他生活的时代就是一面镜子。”

培根认为政治活动是他的天职。这一点,培根在他所遗留下来的写于 1603 年的唯一的自传片段里曾意义深长地表示过。他在那个片段里写道:“……按照我的出身,我所受的教养和教育,我不应该从事哲学工作,而应该从事政治工作:从儿童时代起,我就确确实实地被政治所浸透了……最后,我还怀着这样一种希望,假如我能在政治上获得显赫的职位,这对我的科学事业将有很大的帮助……由于这样的想法,我就投身政治,极谦恭地请求有权势的朋友们眷顾。”[②]

---

① 《神圣家族》,见《马克思恩格斯全集》1957 年人民出版社版,第二卷,第 163 页。

② 参看法灵顿:《弗兰西斯 · 培根》,1949 年纽约版,第 55 页(人民出版社 1958 年中译本,第 44 页)。

那么，所谓“事情的真实情况”和培根眼前那面镜子究竟是什么样的呢？对英国说来，正如对欧洲其他一系列国家一样，十六世纪是一个新的制度即资本主义制度的形成时期。正因为资本主义生产方式的发展在英国是以“典型方式”发生的，所以马克思在《资本论》第一卷著名的第二十四章《论所谓原始积累》中以它（指英国资本主义生产方式的发展——译者）为基本材料而进行分析。这里值得注意的是，马克思在分析英国的原始资本主义积累过程时，引用了培根的著作，其中引用了培根的《亨利七世传》和他的《论文集》。

就在那个时期，英国正进行着作为原始积累过程基础的对于直接生产者的强制剥夺，强制剥夺农民的土地。英国所发生的生产关系革命，在农业方面表现在攫取可以变为牧场的可耕地，以及把广大的农民群众从土地上逐出；那些农民大众是封建性的私有者，远不是全部都可以变成雇佣工人的。英国农村的资本主义改革带来的是资本主义农场经营和显赫的“新”贵族阶层的发生和成长，那些“新”贵族开始用资本主义方式经营他们的产业。积极参与这一改革过程的大地主们很少亲自经营生产，但他们热心于圈地，消灭村有土地，把耕地改为牧场；因为这使他们可以把圈来的土地租给租地者。正因为如此，都铎王朝所不得不进行的、但对其成败又毫无关心的制止圈地斗争，是注定要失败的。马克思用培根的第二十九篇论文中的话说，他们（指都铎王朝诸王——译者）愿意臣民丰衣足食，不屈处于奴隶状态，希望“耕犁握在所有者手中而不是握在佣工手中”。“然而，”马克思这样纠正了培根，“资本主义制度所要的，正是民众的奴隶状态，是他们转化为雇工，他们

的劳动手段则转化为资本。”[①]结果，数万户农民被剥夺了生活资料，被迫背井离乡，成为乞丐和流浪人。农民对于所受的暴力答以激烈的反抗、此起彼落的不断的暴动。十六世纪英国农村的阶级斗争达到了很炽烈的程度。

培根在世的时期（十六世纪后半叶到十七世纪初），英国农村的资本主义改革过程正日见加紧。在那时候，圈地已不只用于养羊，并且也用于农作。国内市场的扩大，对于粮食产量要求日见增长的工业人口的增加，促使着农作方法的改进。对于农业技术改进的要求，农业方面技术革新的必要性，成为十六世纪末的特别迫切的问题，直到十七世纪中叶还仍然是人们注意的中心。

十六世纪后半叶在英国明显地发生的原始积累时代的巨大经济性的和社会性的变动，不只发生在农业范围里，并且也发生在工业范围里。到这一时期，资本主义工场手工业已成为代表性的生产方式。这种生产方式在英国当时的主要工业部门，即呢绒工业中，正日见巩固。在这一时期，整个英国工业界还是成分很复杂的。行会制度正以迅速的速度在解体，除古老的行会工业以外，大规模地发展着家庭资本主义工业和工场手工业，顺利地把行会排挤出去。此外，在十六世纪后半叶，在英国还可以看见一些以手工业工场为主要形式的一系列新的工业部门。这些工业部门都是私人创办的，大部分是合股公司。炼铁高炉出现在英国也是这一时

① 《资本论》，1953 年人民出版社版，第一卷，第 909—910 页。

期的事。英国冶金工业开始发展。在英国那时有丰富的煤炭贮藏。对于英国经济说来,铁矿的开采和铁的冶炼具有头等意义。这两个工业部门在实质上是不可分的,因为在开采到铁矿的地方,通常也都进行矿砂的冶炼,铁、铸铁、钢的生产。但是,煤炭工业真正的繁荣,还在以后;在十六世纪,煤的主要用途还是取暖,而不是用于工业。铁还是用木炭冶炼,这样的结果,造成了对于森林的滥伐,有发生森林砍伐净尽的危险。因此,在培根时代,把煤用作工业燃料这一件事已是当时的非常迫切的问题了。

到了十六世纪末至十七世纪初,与军用品生产有关的一系列工业部门中产生了巨大的变动。火药的制造,硝石的开采,在英国是私营公司的事,英王政府要把这些生产抓在自己手中的企图大部分都没有成功。而且,具有重要意义的还有这样一点:英国君权政治由于未曾拥有一个发达的官僚机构,就必须依靠资产阶级和新贵族集团,因为那些集团在各地组成了它的社会基础,并且甘愿自己担受风险来经营这些企业。在那一阶段,英国在经济上是完全落后于某些国家的,例如法国,由于军需生产、特别是炮兵技术的飞速发展,在十五世纪已出现了铸造大炮、制造火药、制造弓箭等等的工业部门。但是,到了十六世纪末至十七世纪初,英国急起直追,要弥补过去的疏忽;它拼命地扩大煤、铁、铜、硝石、铅、锡的开采。由于这种情况,资产阶级和新贵族对于提高劳动生产率的渴望是一天比一天加强——因为投入这些工业部门的正是他们的资本;同时对于技术发明的必要性也一天比一天更被人感觉到了。技术改进的重要性和科学与生活实际需要相结合的必要性,深入到了越来越广大的企业家的意识中。

资本主义生产方式这样扩展的另一面，是对于被剥削者、对于被剥夺土地的人民大众不利的血腥立法。关于这种立法，也可以说，在英国是以“典型方式”进行的。阶级性司法系统中的代麦人物采用残酷迫害乞丐和流浪人的办法来防止社会骚乱的发生。按照马克思的说法，“今日工人阶级的祖宗，曾因迫不得已变为浪人和待救恤的贫民，而蒙受惩罚”①。在都铎王朝也好，在斯图亚特王朝也好，大量人口赤贫化一贯是英国最迫切的、不能解决的问题。伊丽莎白政府迫害被剥夺的农民大众的警察立法成了雅各布一世接踵而在同一方面施行的措置的楷模。那些办法在培根从政的时期已见诸实施：对贫民继续施用烙印，处以笞刑，实行强迫劳动，如有“违抗”则处以死刑。迫害被剥夺者的血腥立法，是培根所目击的那种社会情况中的最典型的特色之一。

在英国沿着资本主义道路发展的过程中，占着重要地位的是，英国统治阶级开始对他国民族进行殖民掠夺，作为原始积累的主要项目之一。培根是积极殖民政策的早期预言者。早在他那个时代，殖民地扩展的方法，如马克思所说，就是以“最残忍的暴力”②为基础的。英国最早的殖民地掠夺业绩，曾被英园资产阶级历史家大大地理想化了，往往被认为是光荣的英雄功业，但实际上却与伊丽莎白时代的海盗——德莱克、雷里③——在南美洲沿岸所作的海盗袭击、与那一带所作的走私买卖、与纽芬兰附近的捕鱼活动

① 《资本论》，1953 年人民出版社版，第一卷，第 928 页。

② 《资本论》，1953 年人民出版社版，第一卷，第 949 页。

③ 德莱克(1545—1596)和雷里(1552—1618)，都是伊丽莎白时代的航海家，实际也作海盗勾当。——译者

有密切关系。在1587—1604年英西战争时代，海盗勾当和走私买卖特别活跃。参与这种有利可图的劫掠和走私事业的，有统治阶级中极有势力的某些阶层、宫廷侍臣、殖民主义者贵族分子、冒险者贵族分手、批发商贵族分手，以及对海外贸易有影响的资产阶级集团中的大企业家、船主和大资本家。

1606年初，雅各布一世的政府发给弗吉尼亚两家公司——伦敦公司和普里茅斯公司——专利证书，准许它们在北美洲建立殖民地。在最初一个斯图亚特系国王治下发生的组织殖民地公司这件事，以后也继续进行，雅各布一世政府之所以会同意建立这两个公司，主要是由于迫切需要金钱[①]。这样，在1612年成立了殖民百慕大群岛的公司，在二十年代又成立了对巴巴突岛的殖民投资公司。在1614年，下议院议员有一百四十人是两家弗吉尼亚公司的股东，从这一点就可以知道，新贵族和大商人在议会中的代表人物是如何热心地支持殖民者的这些提议了。在这以前，培根已热烈地在议会中鼓吹建立殖民地，并且积极参与领导拟制殖民弗吉尼亚以及以后的纽芬兰的计划工作。殖民弗吉尼亚、巴巴突岛和其他殖民地，明显地表示出殖民事业必然要强夺当地居民的土地，把他们从原来居住的地方赶走；用马克思的话来说，殖民事业即是土著居民被剿灭、被奴隶化、被埋于矿坑[②]。这完全就是恩格斯以爱尔兰为例那么生动地描写过的“英格兰的一切秽行”，而在爱尔

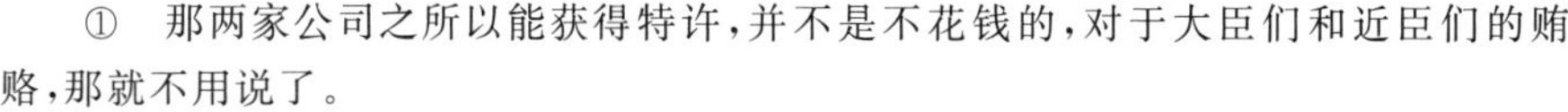

① 那两家公司之所以能获得特许，并不是不花钱的，对于大臣们和近臣们的贿赂，那就不用说了。

② 参看《资本论》，1953年人民出版社版，第一卷，第948—949页。

兰，英国人曾初次表演了统治被征服民族的手段[①]。

然而，比殖民公司更为风行的是早于殖民公司出现的商业公司和工业公司。可以毫不夸张地说，在十六世纪，由于资本主义生产的成长而活跃起来的英国对外贸易，都集中在几个获得国王政权特许对某国贸易的专利权的特权公司的手里了。其中最老的一家是十五世纪七十年代已经在伦敦成立的“冒险商人公司”，它与汉萨同盟竞争，向各国输出呢绒。较后，在1554年，成立了莫斯科公司。在伊丽莎白王朝，产生了整整一系列按照资本主义股份公司方式组成的新的特权公司；例如，在1579年出现了一个在波罗的海沿岸和斯堪的那维亚经商的公司；在1581年组成了与地中海各国贸易的利凡得公司；在1588年组成了与非洲贸易，主要是贩卖黑奴的几内亚公司。然而，最有代表性的一个公司，那一时代的特殊旗帜，是伊丽莎白王朝末年所组成的作为英国向印度扩张的急先锋的东印度公司。这是一个型式相当特殊的公司。东印度公司获得的是“从好望角到麦哲伦海峡”地区进行贸易的专利权。在雅各布一世时，东印度公司的事业活动大大地扩大了；早在1617年它已拥有九千五百个股东，总资本达一百五十万英镑以上。但是，股东人数虽然极多，公司的实际“当家人”却只是人数极有限的一个小集团。东印度公司的特点是：它不但经营商业，而且也经营

① “人们从爱尔兰的事件中可以看出”，恩格斯写道，“当一个民族征服了另一个民族时，它自己有怎样的一种灾难。英格兰的一切秽行是起源于爱尔兰的‘佩尔’。”[从1170年起，东爱尔兰(英属)被称为“佩尔”]《马克思恩格斯通信集》，三联书店1958年版，第四卷，第269页。

工业；例如，在1627年，它获得了用它自己输入的硝石制造火药之权[①]。此外，东印度公司获得了比其他专利公司的规模大得多的外交职能和军政职能的行使权。东印度公司成了在印度建立不列颠统治的重要工具。难怪，马克思在说明东印度公司的殖民活动时，为了证实英国的爪哇总督斯特兰福德·拉弗尔斯的话，他写道：它"利用全部现有的专制制度机构，用收捐手段从居民身上榨取出最后一点可能交出的东西，并迫使他们劳动到精力疲竭"。[②]在阅读培根的《新大西岛》的时候，必须记住东印度公司集商业、工业、外交、军政活动于一身的这种职能的多样性。

除这种大公司以外，还产生了其他一些较小的、只有局部地方意义的公司，但同时不只是产生了商业公司，而且也产生了在某一工业部门如制造纸张、玻璃或肥皂等方面获得专利权的工业公司。政府鼓励这些公司的发展，对给政府带来收益的专利事业颁发专利证。然而，那些专利事业给国库带来的财富远不如给那些作为专利事业的举办者的上层贵族和资产阶级带来的财富大。专利事业是没落的封建贵族分取资本主义利润的一种形式。有时候，国王本人也通过亲信而间接成为专利事业的经营者。例如，雅各布一世政府企图重新进行伊丽莎白王朝所已经失败了的尝试，规定对某些工业部门（如约克郡的明矾生产）实行政府专利。

这些公司大部分是培根眼看着产生的，并且有一些是他直接参与的。专利证的颁发与否，同公司的创办人是谁有很大关系。

---

① 奈夫：《1540—1640年间英法的工业与政治》，1940年费城版，第95页。

② 《马克思恩格斯文选》（两卷集），1954年莫斯科中文版，第一卷，第323—324页。

作为掌玺大臣，培根曾在发给那些专利业的专利证书以及准予成立公司的专利证书上盖印。因此，培根详细地知道宫廷里有关颁发专利证书的买卖气氛。在对创办大商业企业和工业企业颁发专利证书这件事情上，王宫是当时一个众所瞩目的中心；因为，如果想获得某项专利权或国王的特许证，就必须通过宫廷去活动。为了获得专利证书而在宫廷各集团间所进行的炽烈竞争，培根知道得很清楚。最接近国王的集团中最显赫的人物都以某种方式参加新建立的殖民公司，参加商业的和工业的专利事业。这种人物往往成为某一公司的首脑，用自己的名字冠在公司的名称上面，以期利用自己的地位获得国王的特许证书，而不使这一特许证书落入旁的近臣，即代表另一些事业家利益的他的竞赛者的手中。这种奔走效劳的酬报是分享企业的利润，企业的真正的创办人和领导人则是批发商人贵族分子和大资产阶级商人。这种传统做法在伊丽莎白女王时代已成惯例；女王本人就是在西班牙殖民地进行走私买卖或进行劫掠的那些商业企业的隐名合伙者。例如，培根的朋友和恩主，帮助他踏入政界的女王宠臣埃塞克斯伯爵就得到过甜葡萄酒的十年(至 1600 年止)的专利权。

对某种专利事业或对创办殖民公司颁发国王专利证的措施，在雅各布一世，即在培根从政时期，是更加扩大了。在革命前英国的经济活动中，专利公司是起主导作用的组织，有利害关系的企业主都认为这是迅速致富的最可靠的方法；培根在他的论文《论财富》中就指出了这一点。专利公司处于社会注意的中心，特别是王室与议会对专利事业颁发专利证问题上的冲突开始尖锐化以后。在伊丽莎白当政的末年，几乎整个十六世纪中都经常维持着的王室与奴颜婢膝的议会间的和睦状态，已由于这一问题而被破坏了。议会反对王室滥用职权颁发专利证以及与此有关的欺骗行为，反对王室由于核准专利权而获得的巨额利润。主要代表资产阶级和新贵族利益的议会所以一天比一天更激烈地对这种情况提出抗议，那是因为日见繁荣的英国工商业所获得的利润的极大部分都落入了国王和近臣的腰包。这样，颁发专利证和专利公司问题，就成为培根时代的最迫切问题之一。英国的资产阶级和新贵族那时已壮大起来，他们已经开始对国王专制政治的政策感到不满，想要自己来决定国家生活中的一些最重要的问题。这个时代也是培根最为活跃的时代；马克思曾称这个时代为“英国革命的序幕”[①]。以上就是培根周围的社会情形的最主要的轮廓。

*　　　　*　　　　*

这个“事情的真实情况”在培根的《新大西岛》中究竟是从什么观点反映出来的呢？前面说过，《新大西岛》在乌托邦作品中占着一个特殊的地位。不错，乌托邦作品照例都是描绘一种与实际制度完全不同的理想的社会制度。然而，在《新大西岛》中正是在这一意义上很少有乌托邦的性质：在这部未完成的作品中没有一点和当时英国现实情况背道而驰的社会政治制度的描写。

事实上，我们可以看出，本色列国究竟是什么，《新大西岛》的居民是怎样来命名他们的国家的。

自从托马斯·莫尔的《乌托邦》问世以后，那时已经过了一百多年。在这一百多年中，还没有一个值得一提的莫尔的后继者。

① 《马克思恩格斯文献》，莫斯科俄文版，第八卷，第95页。

但在同时，在莫尔那个时代刚刚萌芽的资本主义制度，以及为莫尔所无情地揭发的对劳动者进行剥削的新方式，在这一时期却已牢牢地固定下来。当培根立意要描述他理想的社会制度时，资本主义的原始积累正在全速前进。然而，正是在这一方面培根似乎并没有对他的同时代人发表什么意见。他显然对他那时代的社会制度很感满意，所以我们在传到我们手中的这部未完成作品中找不到什么社会制度的改造计划。

在《新大西岛》的最初几页我们就已看出，本色列国的社会是建立在私有制的原则上，建立在阶级和不同的社会地位的差别上的，在本色列社会里没有财产和社会地位的平等，而相反地，他们那里有“陷于赤贫”和处于“困难境况”下的不得不去求告比较富裕的亲戚们的公民。家庭出身对本色列人的社会地位有很大的影响；例如，来到本色列岛的外国人说，“他们接触到许多绝不是普通身份的人。”以后，在描写国家为一个活着看见三十名儿孙后代、被称为“铁尔山”的家长所举行的宴会的时候，我们看见他被奖以国王的敕书，敕书上明文规定可享受“养老金、特惠权，特免权和光荣称号”的待遇。这种明令公布的铁尔山虽然必须依照法律给予奖赏，然而敕书内容可“按照各家族的人数和荣誉”而有所变更。在本色列社会里有主人和侍者。因此，他们给来到他们岛上的外国人派来了侍者，这些侍者必须做一切需要他们做的事。低级工作人员对高级人员必须做出特别尊敬的表示。在《新大西岛》的叙述者称之为他们的“指路明灯”的机构，即所罗门之宫里有为数很多的规定名额的侍者，这些侍者比所罗门之宫的年青的科学工作人员的数目要多得多。

由此看来，培根所描述的那个社会是有贫富之分的阶级社会，在那个社会里部分特殊人物享有各种各样的特权和优待，但那些优待的表示，也根据各人的“荣誉”的程度而有所不同。在那个社会里金钱起着很大的作用，发明或发现任何东西的发明家即被奖以大量的金钱。对于铁尔山的奖赏，也有金钱一项，对来自外地的外国人也赠以金钱。

这些就是本色列国家社会制度的最最重要的特点。

那么，本色列社会的政治制度又是什么样的呢？首先引人注意的情况是，本色列岛上一切英明的政治制度都被描写成为“替天行道地”制定了自己的社会制度的、开明而又人道的国王的活动结果。那种君主专制政体就是培根心目中至善至美的理想。

从本色列社会和国家的组织者在他的国土上建立起自己的制度以来，在本色列国就存在着国王和元老院，换句话说，就是国王和议会、全部官吏等级、有势力的教会，最后还有那特别受人尊敬的、被命名为所罗门之宫的机构。

让我们看看，本色列国中上述人物和机构的职权是什么样的。很难判断本色列国国王的权限，但他无疑地是本色列头一个代表人物所罗蒙那所制定的绝对专制权力的体现者。例如，在传到我们手中的这部未完成作品中，曾极详尽地描述了家长铁尔山的宴会，以及迎接所罗门之宫的一位元老的全部隆重仪式；这两个人物体现了本色列社会的特点。与他们不同，描写国王的篇幅就很少，文章里只明白而着重地指出，国王发布的命令必须根据法律，这就是说，他是和议会共同实施自己的权力的。培根显然是想用这一点在他的乌托邦作品中强调表示他认为特别珍贵的思想——被他称为“人民的代表机关”的议会的必需性和重要性，这在他的《论文集》中以及在他的实际从政活动中，当国王和国会发生尖锐冲突时，他都曾热烈地捍卫过的。

在本色列社会中宗教和教会起着很大的作用。显然，原则上反对一切奇迹并且拥护自然科学方法的培根在这一点上却是维护统治阶级的利益的。为了要着重指出宗教对国家的重要性，并且竭力要歌颂宗教，培根借《新大西岛》的叙述者的嘴告诉人们，不是普通人而是超自然的神借助于奇迹把福音书颁布给本色列国的居民的。除此之外，本色列国笼罩着那么浓厚的宗教偏见，以至只有在外来者们是基督徒的情况下，才准登陆。这与托马斯·莫尔在他的乌托邦社会里容许广泛的宗教自由并禁止对异教徒施加压迫是多么鲜明的对比啊！

教会的代表参与国家机构是本色列社会的一个特色，这正是当时培根周围的英国实际情况的一毫不差的复本，在那时的英国，教会代表在中央和地方机关里，其中包括显要的外交职务，扮演着重要的角色。这样，在本色列国，占着责任重大的外交岗位的外邦人宾馆馆长就是一个教会人士[①]。这一点正确地反映了培根所生活的时代的“事情的情况”：英国在伊丽莎白女王时代和第一个斯图亚特系国王当政时期，借口宗教信仰分歧而解决了一些与企图夺取政权的新贵族阶级和资产阶级的斗争有关的头等重要的社会问题；在革命前的英国，这些问题正带有特殊的尖锐性和迫切性。

① 我们在康帕内拉的《太阳城》中也遇到过同样的情形，例如，在那本书里，最高执政者默塔菲齐克同时也是教士。

在《新大西岛》中强调了宗教和居于统治地位的国教思想的作用，就说明了这一点。满嘴仁义道德虔信宗教的伪善口吻，举行祝福仪式，赞美上帝，歌唱赞美诗，所有这一切都是雅各布一世当政时期英国最有代表性的特色，那时国家教会正在推广天主教式的仪式。甚至在所罗门之宫，这个似乎绝不应该有宗教存在的科学实验和发明创造的中心，都是非有弥撒和祷告不可。

唯物主义哲学思想的提倡者培根，居然在他的理想国家里给了宗教和教会一个重要的地位，这一点是马克思在培根的唯物主义理论里曾经指出的"神学的不彻底性"的表现，这明白地说明了培根的阶级局限性。

让我们看看，我们前面提到过的家长铁尔山在本色列社会里起的是什么作用，行使着什么职能。在《新大西岛》里详细地描写了家长铁尔山的家宴盛况。据《新大西岛》的叙述者所说，举办这个宴会的习俗可以说是很隆重的、虔诚的，并且合乎自然的。举办这个宴会所花费的钱由国家负担。在庆祝会上，受庆祝者的全家人员都必须出席，此外，他还获得本城长官出席他的宴会的荣耀。这位铁尔山就和这位官方代表以及他的朋友们以两天的时间一同商量解决家庭事务。这儿出现了一个问题：讨论家庭事务为什么需要官方代表列席呢？原来，他"出席……为的是如果'铁尔山'的这些命令和谕示不被遵行，行政长官最后就用他的权力来协助执行。但这种情况是很少见的，因为他们非常尊重和服从自然的规律"。从这里可以看出，子孙对铁尔山的服从建筑在他的道德威信上，但万一有人露出不服从的倾向，那就需要一个赋有国家权力的人在场了。

我们不必详谈关于宴会的全部盛况的冗长的描述，在那些描写中，有力地说明了培根对豪华的宴会、对宴会的装饰、对礼仪的一切细节，以至奇装异服的极细小的部分的癖好。我们只要指出在描写宴会时所提到的一个有趣的情节就够了；在进餐时，高坐在上面的只有受庆祝者独自一人："他的后代除了属于'所罗门之宫'的人之外，不论有多么高的品级和荣誉也不能和他同坐"。

正如我们所看到的，所罗门之宫的代表享有特殊的荣誉，他们仿佛是最高权力的化身。

我们从关于铁尔山的叙述中可以断定，铁尔山在本色列社会里享有特别重要的全权：他们的任务是帮助自己的家庭成员挑选职业，选择合适的配偶，调解和制止家庭纠纷，处罚为非作歹的家庭成员，最后，为本族陷于赤贫和生活困难的成员筹找生活资料。

培根的目的显然是以赞扬铁尔山为例，在展示设施完善的本色列社会里的自然习俗的统治地位，这种习俗培根着重地称为"合乎自然的"习俗。培根所生活的那个真实社会是被种种社会矛盾所分裂的，与这不同，本色列的社会制度则是建立在"自然的"家长制基础上的。据《新大西岛》作者所说，这里风行的是对自然规律的极度尊重，其中包括对家庭原则的尊重。在本色列社会里，那些由于自然原因而成为大家族的家长，那些为本色列国增添臣民的人，是极受尊敬和享有道德威信的。

* * *

本色列国最引以为荣的，是我们已经提到过好几次的所罗门之宫。正因为所罗门之宫是《新大西岛》的基本核心，这部未完成作品显然完全是为它而作的：在所罗门之宫的描写里，培根写入了一些他所最为珍视的思想[①]。在描写所罗门之宫时，培根显然是要说出一些新的见解，也就是在这里，他要描绘出他的科学的乌托邦来。

所罗门之宫的兴建既然是本色列的创建者最杰出的设施，那么它究竟是一个什么机构呢？一切关于所罗门之宫的最重要的情况我们是从它的一个成员的口里得到的。这个人物的隆重的进城仪式培根描写得特别冗长，非常像是演戏。在描写这一场面时，培根显然存心要用华丽到前所未见的服装、贵重的珠宝、地毡等等的描述，主要的还有本色列国民的文质彬彬的风度来使读者惊叹不止。总而言之，恩格斯所狠狠嘲笑过的[②]岛国褊狭性和岛国自大

① 这是培根1594年所写的所罗门之宫最初的草图演化而来的。培根把关于所罗门之宫的描写通过一个谋士的嘴，在他对国王所说的下面那段话中讲出来："我所期望的是陛下能得到最完美的、最纯洁的精神快乐，取得最纯正的、最可歌颂的胜利，那就是征服自然。我抱着这个目的请求陛下垂听四件事情，这四件事比任何事都更能使陛下流芳百世。四件事中的第一件是建立一座最完美的图书馆，在那里要收藏人类的天才从古至今写成的一切最好的书，不论是古代的或现代的，不论是印刷的或手抄的，不论是用欧洲文字写的或用其他文字写的，都将备陛下博学的头脑随时查考。第二件是开辟一个广大豪华的花园，那里要栽种各种各样的植物，不论是野生的或是人工种植的，在各种不同气候中、在不同土壤下所栽培出来的一切品种。花园里还要造起给稀有动物居住的房舍和野禽居住的樊笼。在那里还要有两个湖——一个淡水湖，一个咸水湖——用以繁殖各种稀有鱼类。这样.您就可以在您的领土上有一个小型的整个自然界。第三件是要造一个充分宏大的陈列馆，那里要收罗人类巧妙的双手所制出的物品和机器制造出来的一切，并把它们分类收藏……还有一切容易保藏的、由于无生物界的变幻而产生的稀世珍品。第四是一座备有各种机械、仪器、熔炉和器皿的屋宇，这座屋宇就像是炼金术士的宫殿。

"这样一来……一切奥秘和奇事都将被揭穿，因为它们的自然原因都将被知悉……"

② 《马克思恩格斯文选》(两卷集)，1955年莫斯科中文版，第二卷，第112、114页。

心理、英国体面的庸人气概，在这富丽堂皇的行列的描述中已达到登峰造极的程度。来自所罗门之宫的元老接见了这些外邦人，并且在与他们的领袖谈话的时候，作为特赐的恩典，告诉了他"所罗门之宫的真实情况"。他说，"我们这个机构的目的是探讨事物的本原和它们运行的秘密，并扩大人类的知识领域，以使一切理想的实现成为可能。"看来这个机构的目的似乎纯粹是科学性的。然而，当这位所罗门之宫的元老讲到这个机构的物质基础，它的资源、职能和设施时，我们才知道这个国家的主要天然财富，它的最主要的工业部门原来都集中在这个机构手中，这里不只作科学实验和计算，还从事生产。果真不错，我们看到这个机构掌握一系列的生产部门，生产各种各样的、别的国家还没有的产品。所罗门之宫的元老说，"我们还有你们所没有的各种各样的制造技术；创造出来的东西有纸张、布匹、丝绸、纱绢、美丽而颇富光泽的羽毛制品、优良的染料和其他等等物品。"这些产品的性质显然差别很大，因为那个叙述者告诉我们，"有的工厂制造的这一类产品是专为大众用的，有的不是。你知道，上面提到的这些东西多半已经在我们全国普遍使用。"那个机构有既深且广的矿场，他们利用这些矿场建立开采金属的天然矿场，并且利用这些矿场来获致新的人造金属。开采工业在本色列人眼中占着很高的地位。所罗门之宫的代表告诉我们说，"我们还有各种各样的宝石，大多数是非常美丽，而且是你们从来未见过的，还有各种晶石和玻璃，除了你们用来做玻璃的材料以外，其中还有变成玻璃形状的金属和其他材料。还有你们所没有的化石和半矿石……"如果要进行金属矿石、铁、铸铁以及其他矿石的加工和熔炼，对呢绒工业是那么重要的染料的制造，有首要意义的是必须拥有相应的熔炉。果然不错，我们在所罗门之宫确也发现“各种各样的熔炉，保持各种不同的热度：猛烈而短暂的，强大而持久的，微弱而温和的；……有的是干热，有的是湿热”等等。

在这理想而幸福的国家里努力经营着最新的军事设备，建立强大的军事工业。本色列显然是一个头等的军事强国。所罗门之宫的元老列举道，“我们制造大炮和各种武器军械，同样也根据新的配方制造各种火药，以及用于海战的在水中燃烧的‘希腊火’……”

除此之外，我们还应该记得本色列国很早就是一个拥有强大海军的海上强国。本色列国的明智的创建者早就预见到他们舰队的前途多么远大，他教导他们说，“这个国家的船舶可以做很多的工作，如航行、捕鱼和进行各个港口之间的运输，也可以航行到这个国家统辖下的周围附近各岛。”因此本色列对造船业和一切与它有关的问题特别关心，那是理所当然的了。关于这一点，所罗门之宫的元老指出，他们在这方面的发明研究是朝哪一方向进行的：“我们有潜行在水底和能够抵抗海浪的船只……”

所罗门之宫对各种仪器的发明创造非常重视。所罗门之宫的元老说，“我们有方法看到远在天上和极远极远地方的东西，能视近若远，视远若近……我们还能用比现在所用的眼镜更好的办法来帮助视觉。我们有办法用镜子清晰地、完整地看到极微小的物体，看到用其他办法看不到的昆虫的形状和颜色、米粒和宝石上的瑕疵……”在另一处他说：“我们还有一种助听器，放在耳朵上可以大大帮助听觉。”“我们还有机器馆，在那里我们为各式各样的机器装置做出各种各样的机器和工具。”

但是，假如认为本色列国只发展欧洲其他国家尚未掌握的各种各样的工业生产，那就错了。完全不是这样。在一切生产部门他们都有发明和改善。譬如，农业在所罗门之宫的工作里也占有重要的地位：农作与畜牧，农具改革和发明新农具，都占着重要地位。虽然在外邦人宾馆馆长的叙述里明白而着重地说本色列国“大部分土地特别肥沃”，然而我们知道所罗门之宫的工作人员的发明思想却尽心竭力地在研究农业问题。所罗门之宫的元老告诉我们说，“我们知道各种不同的制造腐殖土和制造使土壤变得更肥沃的复合肥料的方法。”接着，在讲述了本色列人正致力于适合不同树木和花草的不同性质的土壤的创造，报导了关于不同种类的果树嫁接试验之后，所罗门之宫的元老作了下面的总结：“我们还有方法使植物从各种混合的土壤中生长出来而不需要种子，同样也能生产出各种异乎寻常的新品种，并且能使一种树或者一种植物变为另外的一种。”

繁殖和培育畜类的优良新品种也是所罗门之宫的重要事业之一。所罗门之宫的元老指出说，“我们用各种技术使某些动物长得异常高大，或者相反地使它们特别矮小或停止生长，我们使它们有特别强的繁殖力……我们也有办法使不同种类的鸟兽实行杂交，生出新品种来……”

所罗门之宫的元老所描述和列举的那些相互之间没有显著关系的生产部门，我们远没有统统提到。我们看到他们还有数学馆、机器馆，以及光学、声学和其他方面的惊人实验。其中有不少实验是直到十九和二十世纪才发现和发明的，这说明了培根的富有天才的直觉。

让我们再来分析所罗门之宫的成员的职权和任务是什么，以便对于这个机构得出一个完整的概念。

首先我们应该注意，只有所罗门之宫有国际往来的独占权。一方面严禁本色列国所有其余的居民到别的国家去，一方面对十二个所罗门之宫的成员却授以到世界各国去的责任，以便把全世界正在进行的科学、艺术、创造和发明的情报报导给本国同胞，把书籍、工具以及各种物品的样品带回本国来。

引人注意的是，所罗门之宫的成员的科学研究工作是按照工场手工业的方式组织的，劳动的分工也同样的细致——这是生产的工场手工业阶段在科学中的有趣的反映。每一种科学工作都成为一个由所罗门之宫的三个成员领导的独立部门；有的部门收集书籍中所记载的各种试验，有的从事新的实验，另一部门把上述试验做成综合报告和图表，以便研究者能够从这些报告和图表中得出他们所需要的观测结果和定理，以及诸如此类的其他部门。值得注意的还有一个非常重要的部门，它的成员的使命是从他们的同事的试验中挑选“对人类的生活和工作实际有用的东西”。这样，所罗门之宫的部分成员就从事于有实际用处的工业发明了。但是应该注意的是，所罗门之宫内部所作出的发明和发现远不是全部都成为本色列国的公共财产的。正好相反，这里的科学成就是唯恐他人知道地珍藏着的。所罗门之宫的元老告诉我们说，“在我们的会议上，我们共同研究，我们所发现的经验和我们的发明，哪些应该发表，哪些不应该发表。我们全体一致宣誓，对于我们认为应该保密的东西，一定严守秘密。不过，其中有一些我们有时向

国家报告，有一些是不报告的。”这样看来，所罗门之宫在本色列国中占着异常独立的地位，甚至那些能在生产中完成改革的科学发明都成为它的专利品，只有“某一些”，而且只有在有些时候才报告给国家。

所罗门之宫中很注重对年青的科学干部的培养。所罗门之宫的元老说，“我们还有许多学徒和实习生，以保证能够源源接替各种人员的职务……”对发明者的奖励是所罗门之宫所注重的事情之一；特别受人尊敬的正是他们。例如，我们知道，对于有价值的改进，立刻就给发明者建立雕像，并且给他丰盛的奖品。

还有一种有趣的习俗，所罗门之宫的元老就是以这种习俗的描述结束他的叙述的。这种习俗是：所罗门之宫的成员们应到本色列国的主要城市去进行巡视和访问，给那里的居民作指导，并告诉他们怎样和流行病、虫害、地震、水灾以及诸如此类的灾害作斗争。这种事前在群众中做教育工作的方式是一种非常有趣的特点。这些就是所罗门之宫的活动范围。

《新大西岛》和托马佐·康帕内拉的《太阳城》都写在十七世纪初叶。这里大可以将这两本写在同一个时期的书（《太阳城》在1623年初次发行，《新大西岛》据培根的牧师劳里所说也写在那一年）比较一下。

培根和托马佐·康帕内拉都是十六世纪意大利的杰出哲学家倍尔那狄诺·特勒肖[①]的学生。他们三人——特勒肖、康帕内拉、

① 培根对于自己的老师满怀着感激心情，称他为“真理的朋友，偏见的破除者，新时代的第一号人物”。康帕内拉赞同着这个评价，他写道：“我之所以最敬爱特勒肖，是因为他根据事物的本性，而不是根据人们空洞的论断而做出自己的结论的。”

培根——在原则上一致否定被烦琐地曲解的亚里士多德哲学，而提出了与这种哲学相反的哲学，即基于实验、基于对自然作的试验研究、其使命在于扩大人类对自然力的控制的哲学。康帕内拉和培根同时，并且在笛卡儿之先，看到了科学和哲学的任务是解决实际问题，是用科学和哲学方法来增加人类的力量。这两个思想家所共同的思想趋向在他们所描写的理想社会制度里究竟是怎样反映出来的呢？

把《新大西岛》和《太阳城》作了比较，使人注意的是，它们有某些相像的特点。这首先是这两个大思想家具有共同的意图，要使知识服从实际需要，要使科学有实际目标，要使科学为人类的直接需要服务。只需想起康帕内拉一句有力的名言就足以说明这一点了。他说在他的理想国家里，“不是他们（指人——本文作者注）为事物服务，而是事物为他们服务”[①]。这种要事物为人服务的意图，使康帕内拉想出了一系列技术方面的理想和发明，这些理想和发明很像培根在他的本色列国里所描写的那些成就。例如，“太阳城”的居民——太阳人——在航海事业、农业、国防中广泛地采用各种（技术的）发明。在康帕内拉的书里，正如在培根的书里一样，我们看到最新式的动力机的先行者。比如说，我们看到“太阳城”的居民发明了“一些特别的船只，不用桨也不靠风力，而是利用结构巧妙的机器行驶”[②]。在《新大西岛》里，在列举航海事业的发明

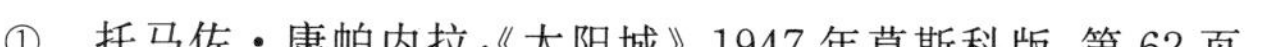

① 托马佐·康帕内拉：《太阳城》，1947年莫斯科版，第62页。

② 同上，第79页。

的时候，在其他种种之外，也提到了能在水底航行的船只和经得住海上的风浪的特别坚固的船只[①]。在《太阳城》里，在另一处说，太阳人“已经发明了飞行的技能……他们预期在不久的将来，还会发明各种帮助观看的管筒和各种助听的管筒”[②]。与此相符合，在《新大西岛》里我们看到：“我们还会模仿鸟的飞行，我们已经有了一些飞行方法。”“我们还能用比现在所用的眼镜更好的办法来帮助视觉。”“我们还有一种助听器，放在耳朵上可以大大帮助听觉。”[③]太阳人说：“这一百年来出版的书比过去五千年所出版的书还要多”，他们怀着欣喜的心情说到“在印刷、枪炮和磁石的应用方面的种种惊人发明”[④]，这些和培根所称颂的三种最伟大的发现不谋而合。与此同时，我们看到太阳人“掌握了使任何大气现象在屋子里产生的技术：无论是风，是雨，是大雷雨，是虹或是其他任何现象”[⑤]。我们在培根的本色列国中也发现了同样的事，我们在《新大西岛》里看到：“我们有宏伟宽大的建筑，在那里进行气象研究和试验，如降雪、降雹、降雨、霹雷和闪电”，“我们能人工制造虹彩……”假如说太阳人“用被处死的人研究解剖学”，那么本色列人可以说抱着同一个目的用兽类和鸟类做试验。《新大西岛》里说，“它们（指鸟兽——本文作者注）不仅是为了它们的珍异而专供观

① 参看本书第 39 页。

② 托马佐・康帕内拉：《太阳城》，第 110 页。

③ 参看本书第 38 页。

④ 托马佐・康帕内拉：《太阳城》，第 110 页。

⑤ 同上，第 143 页，注释〔12〕。

赏之用，也是为了解剖和试验，把得到的知识应用到人体上”。[①]太阳人和本色列人的科学研究试验都是在专为试验用的建筑和实验室里进行的。在太阳人和本色列人那里，为在科学的发扬光大上取得成就的人，为“发明无论什么有用的东西，或是在和平事业和军事方面对国家有很大的贡献的发明”者建立雕像；太阳人和本色列人都向世界各国派遣“专门考察员和使者，去熟悉各民族的风俗习惯、他们的力量、政府形式和历史，以及他们的一切好事和坏事……”[②]

在培根和康帕内拉的乌托邦作品中有不少这种相似之处。这些相似之处都表示用来为人类生活实际直接需要服务的科学在本色列国和太阳人的国家中都占着极高的地位。假如认为这里所谈的是培根的和康帕内拉的某些思想的偶然巧合，那就错了。这种相似是那个时代的最有代表性的特色。以使科学和生活的实际需要相配合为己任的不只培根和康帕内拉两人。这一想法，意大利的数学家、哲学家兼医生吉罗拉摩·卡尔达诺（1501—1576）也曾非常清楚地表示过，他在他的自传里告诉我们说他是多么渴望担负起使“人们能够在各种手艺和行业的实践上应用自然现象的

① 摘自《太阳城》和《新大西岛》的引文说明培根和康帕内拉无疑地都知道在意大利度过了他的大半生的解剖学改革家弗萨里（1514—1564）恰恰在那时作出的某些发现，以及他的一些有名的解剖，这些解剖使他基于实验性的研究正确无误地写出人体构造的论述。培根和康帕内拉显然也熟悉罗马的解剖学家巴多罗妙·艾乌斯塔希奥（1510—1574）的发现，以及在弗萨里之后，在帕多瓦工作的伽勃里勒·法罗披奥（1523—1562）在解剖学方面的发现。

② 托马佐·康帕内拉：《太阳城》，第 97 页。

知识"[①]这一任务。这种要将已获得的科学知识用于实际的愿望并不只是培根、康帕内拉和卡尔达诺所特有。我们是要指出，在同一时代这是在不同的国家里所出现的同一倾向；我们之所以指出这一点，因为这正是培根、伽利略、笛卡儿等人的努力所建立起来的现代科学在十七世纪所走的道路。

*　　*　　*

从所罗门之宫的元老所讲的关于本色列国的叙述中能够得出什么样的结论呢？在他讲述之前，我们对本色列社会所发生的事是一无所知的，直到最后，从他的报导里我们才知道本色列国中发展的是哪些工业部门。这原来是以矿业为主的开采业、金属加工业、玻璃工业和一系列和军事工业有关的生产。

所有这些生产部门的列举并不是偶然的：原来这些正是培根时代的英国众目所瞩的新的工业部门。在十六世纪中叶，亨利第八当政的最后几年以前，英国在工业方面一直是一个落后国家。包括采矿业在内的重工业就是在那个时期开始发展的，而且以那么迅速的速度突飞猛进，到十七世纪的四十年代，即英国革命初期，英国在欧洲已一跃而为在这些工业部门居首位的国家之一。国家经济生活的这种改变在1575—1620年，即培根从政期间，表现得特别显著。

经济事业的规模和数量在这时候发生了显著的变化。在这一时期的各种工业生产中，占有重要位置的是煤、铁、锡、铜的开采，

① 吉罗拉摩·卡尔达诺：《关于我的生平》，1938年莫斯科国家文学出版社版，第197—198页。

当然还有呢绒工业，它仍然是“国家的主要财富”。煤矿工业开始突飞猛进地发展。从十七世纪初叶起，煤开始被公认为英国的主要资源之一，于是人们一天比一天相信，煤和铁是英国的无价宝藏。“英国国力的基础，是铁而不是金子……不列颠诸岛上蕴藏着世界上最好的铁，”培根在下议院某一次演说中这样说。

煤成为广泛采用的燃料，成为英国货载的重要项目。以后，煤炭工业的飞速发展又成了促进英国商船业发展的刺激物。在1540—1640 年这一百年中，煤的开采量增加了八倍；这一事实可以说明煤的开采量猛增的情况了。但是比数量的增加更为重要的是，从十七世纪初叶开始，煤开始用在工业上了。

工业的这种发展在一定程度上是由科学技术的发展所造成的。

但是，还必须考虑到另一情况。经济史家们（奈夫亦在内）指出，煤炭工业虽然比其他工业部门发展得快，但这并不是英国早期资本主义发展过程的孤立现象。在 1550—1650 这一百年中，锡、铅、铜的开采增加了六到八倍。铁矿的开采也增加得非常多。玻璃工业和盐业在这一时期也扩展许多，虽然不如煤炭业快。在十七世纪初，烧制玻璃开始用矿物燃料而不再用木柴，这一点也正是玻璃工业发达的决定条件。在其他一些新的工业部门——矾、硫酸盐、硝的制造，肥皂、啤酒、造纸以及其他工业部门，都可以看到同样的扩展过程。具有共同特点的是，这些新的工业部门都是新型的、资本主义型式的工业企业，并且都在进行资本主义改建。这些企业是以工场手工业的形式而组成的，势力日渐增大的资产阶级和资产阶级化的贵族在它们中间起着领导作用。在英国，与法国不同，大商人和资产阶级化的新兴贵族与重工业部门的大部分有密切关系，有的把资金投入矿场和其他企业，有的买卖这些工业部门的产品。这些人物有许多在下议院中占有席位，有许多在伦敦、在外地首邑、在工业郡县里占着显要职位。

当然，这种资本主义式的“投机事业”的规模和速度都不可以过分高估的。这一阶段的英国，甚至在更早一些的英国革命初期，还显然落后于“典型资本主义国家”荷兰。但重要的是要看到这一事实（从这一事实也可以窥见《新大西岛》中的社会思想）：合理化操作过程的开始运用已标志出在上述一切工业部门中实行资本主义生产方法，同时，实行资本主义生产方法又要求必须在工业生产过程中运用科学技术知识。工业的发展不仅在产品数量的巨大增加中表现出来，而且还带来了生产组织中的技术改进和改革。关于用科学和技术改造社会全部生产基础的想法，也正是《新大西岛》一书和它的所罗门之宫的中心思想。

恩格斯在说明工业发展与科学发达之间的关系时写道：“……与资产阶级繁荣发展的同时，科学也大踏步地成长起来了。天文学、机械学、物理学、解剖学和生理学方面的研究都复兴起来了。资产阶级为了发展它的工业，需要一个研究物体属性和自然力表现形态的科学。[①]”这一段话指的是资本主义工业的发生阶段，它的工场手工业阶段，对于“自然科学革命”时期说来也特别适当。

事实上，各个新的工业部门的兴起，以及它们根据资本主义原则采用大企业形式的组织方式，确乎是与许许多多科学技术问题

① 《马克思恩格斯文选》（两卷集），1954 年莫斯科中文版，第二卷，第 104 页。

有关系的。例如，在炼铁工业中，一开始时就尖锐地提出了增加当时在英国塞来、肯特、苏赛克斯、诺廷汉姆等地区已普遍使用的熔铁炉的生产率的问题。它们的生产率非常低，因此，把熔炉改用矿物燃料成了一个极迫切的问题。与这事有利害关系的一些企业主竭力要使自然科学家们和发明家们注意这个问题。这样，到十七世纪二十年代就颁发了用煤熔炼生铁和铸铁的革新方法的发明专利证。因此，当我们在所罗门之宫的描写中读到本色列人“有各种构造不同的熔炉”时，我们应该想到，培根在这里谈及的是从技术上改进那些为熔炼金属、生产染料等所必需的炉子的急务之一。

在培根所列举的所罗门之宫内部发展的其他生产部门中，如玻璃、造纸、冶金以及与主要工业部门呢绒业有关的染料工业中，技术发明和改进的问题也同样迫切。在冶金工业中，首先是由挖掘深矿井而引起的一些问题。在这种企业中投入大量资金的业主们，立刻就遇到了这样一些难题：必须从矿井里抽出积水，清除矿井里发生的有毒气体，怎样能比较容易地把矿石运到地面上来，必须进一步改进开凿矿岩的工具等等。这些问题早在十六世纪末至十七世纪初就已经非常迫切，当矿井深度加大之后，就尖锐地提出了矿井的排水和通风问题。这些困难使矿主们和其他与这些生产部门有关的企业主们非常焦心；在那时候，上述企业主们已形成了一个相当庞大的、越来越有势力的阶层。他们一天比一天更坚决地要求在这些问题上采用技术发明。运用科学技术知识来解决这些问题的问题，是日益具有决定意义了。

对于技术改进和改革的这样迫切的要求，那时在农业方面也可以感觉到。国内市场的扩张，日见扩展的城市中工业人口对于

食品需求的增加，要求农业生产也改用较完善的方法。这在一定的方向上刺激了发明思想；只须记起恩格斯关于这一问题的说法就可以了解：如果社会有技术需要，那么这种需要会比十所大学更远地把科学推向前去。真的，我们知道，在1618年已颁发了“不用牛马耕作”以及混合土壤“使土地更肥沃”的方法的发明专利证。因此，我们可以断定，培根谈到所罗门之宫所实践的农业改进时，他所触及的又是与农业有关的企业主广大集团所关心的最迫切问题。

工业和农业需要所产生的课题一被提出，科学家们的注意力就会集中到那上面去，十六和十七世纪之交的英国科学虽然还不发达，但它在那时候居然也担负起为抬头的资产阶级以及与资产阶级结成同盟的贵族阶级的利益服务的任务。新的技术使两种人物在社会上出现，他们就是工程技术家和科学家。这两种人物的出现的前提是社会分工的深刻化以及在那以前在封建社会史中所从未有过的新的重要社会职能的分化。十六世纪末十七世纪初的科学家不能不对在他周围进行的急骤经济变化有所反应。那时候的科学家往往同时兼为发明家、设计家或技术家①，人们遇到有重要经济意义的问题都去找他们解决。被认为价值最高的是有关扩张英国经济统治地位的，即呢绒业、煤炭工业、冶金业、造船业等方面的发明和技术改革。例如煤炭工业受发明家注意到如何程度，可从下列专利发明的统计数字中看出来：英国在1561—1688年间共颁发专利证317件，其中约有75%与煤矿有关；矿井排水的发

① 例如罗伯特·胡克（Robert Hooke，1635—1703）。

明则在317宗中占43宗(14%)[①]。

就政治活动的性质说来——作为总检察官，作为掌玺大臣，最后作为大法官——培根是处身在当时遍及全国的经济活跃的中心的。他极密切地接触到当时的一切重要的经济问题，他对新建的各个工业部门的需要了如指掌，并且非常熟悉各个工业部门中的种种发明和技术改进的实践情况[②]。培根一方面热烈鼓吹把科学用于生产，事实上他也是实际行动的人物之一；因为广大的企业主们强求他那样做。

培根把当时这一最重要的问题变为他的《新大西岛》的主题思想。这就是所罗门之宫的理想。

在传到我们时代的《新大西岛》的残稿中，全书的重心不在于社会改革(这在培根的《论文集》中倒给予了相当的重视)，而是通过采用技术改进、发明、合理化等方法来改造社会的生产基础。正因为如此，所罗门之宫的基本目的是把人类对于自然的控制扩展到极度。按照培根的想法，只有使科学和生产结合起来的经济力量的增强，财富的增殖，才能达到他所孜孜不倦地宣扬的境地。

所罗门之宫在本色列国里占着一个什么样的地位呢？它是否像某些资产阶级作家们所认定的那样，只是一个纯粹的科学研究团体，以后的英国皇家学会的前身呢？无疑地，科学是所罗门之宫的工作中的重要项目。但是，所罗门之宫的工作人员的全部活动

① 奈夫：《不列颠煤炭工业的兴起》，1932年伦敦版，第一卷，第254页。

② 下面是这方面的一个典型例子。在对培根佩服得五体投地的门徒中，有一个矿业工程师托马斯·布歇尔(1594—1674)，他说，与他有关的矿业理论和实际技术成就，他都是从培根那儿学来的。

决不是只有实验工作，决不是只有科学工作一项。我们看到，全国的主要资源，几乎是全部关键性工业部门，都属于所罗门之宫所有，所罗门之宫从事生产活动，也用各种各样的发明和革新来改进工业和农业。正是所罗门之宫的这种生产活动构成了它的权力的基础，它的社会地位。而且，如我们已经指出的，所罗门之宫的能够引起革新的种种发明和发现是它所独占的；它可以不让任何方面知道，不让它们成为公共财富，而随心所欲地使用它们。此外，所罗门之宫还有一件头等重要的独占权：如我们已经说过，只有它有国际往来的独占权。这些职能无疑是越出一般科学机构的权能范围以外了。这些职能本是国家权力的特权；因此，拥有这些职能的所罗门之宫实际上便是本色列社会的领导组织。本色列人为所罗门之宫的元老的光临而举办的特别隆重的欢迎也证明了这一点——他坐在安乐椅里由马驮着在街上走，在这行列后面，全城的官长步行跟随着。在家长铁尔山的宴会上，最高的席位也只有所罗门之宫的成员可以享受。所罗门之宫的主题思想是要指出科学在征服自然的过程中和扩张人类控制自然的范围上的潜力，但它同时也显示出这种科学所服务的那个阶级所能获得的权力是多大。

出现了这样一个问题：培根在《新大西岛》里所描绘的那个大力发展国家经济力量和增加财富的方案在客观上是对英国社会的哪一个阶级有利呢？分析了培根在描述所罗门之宫的工作所列举的一些重要的工业之后，我们相信，那主要是当时英国在资本主义基础上发展起来的新工业部门，这些工业部门的创设者是贵族阶级、新兴的资产阶级以及和它结成同盟的新贵族阶级的代表人物。

关于英国的新贵族阶级，马克思写道，“这个和资产阶级勾结起来的大地主阶级……和资产阶级生存条件不是相矛盾的，而正好相反，是完全一致的”[①]。培根所提出的纲领正好符合这些阶级的利益。这个纲领反映出他们深藏在心的夙愿和意向。的确，掌握一切经济命脉，集中全部经济力量于日益强盛的资产阶级和新贵族阶级之手，那必定会使他们得到实际的统治，使他们得到他们所要争夺的政权。不论培根是否希望如此，然而在他的所罗门之宫的描述里，他指出了英国资产阶级和新贵族阶级在不久的将来必走的道路。

这样，培根在他的乌托邦作品中、在他的理想计划中所假拟的社会改革方案反映出了真实的斗争，这个斗争就是在英国革命初期，当英国的专制政体对资产阶级今后发展已成了重负的时候，在统治阶级之间所发生的。培根的纲领不仅反映了那个斗争，它还给资产阶级的发展规定了任务，并给那个在英国革命之后掌握了政权的阶级指示了道路，预定了它的胜利。

培根一面宣传资产阶级和新贵族阶级的阶级意向，同时却给它一个吸引人的、对全人类有利益的形式，把它提高到“造福大众”的地位。关于这一点马克思写道，“任何一个要想把在它之前占统治地位的阶级赶走而取而代之的新阶级，为了实现它的目的，必定要把自己的利益说成是社会全体的共同利益……把自己的思想装点成公共的形式”。[②] 但是，培根所指的不是人民大众的利益；当

① 《马克思恩格斯全集》，1928 年莫斯科俄文版，第八卷，第 279 页。
② 《马克思恩格斯全集》，1928 年莫斯科俄文版，第四卷，第 38 页。

然，他们是不能享受培根所宣传的那种财富增殖的，因为在培根的理想国家里保留着私有制度，社会关系上也没有发生变革。拥有全部科学成就和技术革新的幸福的本色列社会仍像以前那样建筑在对人民大众的剥削上的。这一点说明了为剥削阶级利益服务的思想家培根的资产阶级局限性。

在理想的本色列国的科学利用上也带着这样的阶级特色。甚至像培根那样的见识极丰富的学者，在他的乌托邦作品中科学仍是统治阶级的特权；这是值得注意的。资产阶级的剥削本质在资产阶级思想体系的最初形成阶段就已显示出来了。培根确乎清楚地看到了他周围现实中的某些新现象的本质特点，并且在《新大西岛》里竭力鼓吹把人类对自然的控制扩展到最大限度。然而，培根所预言的那个新科学，却不是为人类的社会解放和消灭剥削而服务，而是为加强资本的权力而服务。

列宁在伟大的十月社会主义革命胜利后不久，在说明资本主义科学和社会主义社会的科学之间的对立性时说过："过去，全部人类的智慧、全部人类的天才创造，只是让一部分人独享技术和文化的一切成果，而另一部分人连切身需要的东西——教育和发展也被剥夺了。然而现在一切技术奇迹、一切文化成果都成为全国人民的财产，而且从今以后，人类的智慧和天才永远不会变成暴力的手段，变成剥削手段。"①

当你评估培根的科学乌托邦作品，英国资产阶级发展的这个

① 《列宁全集》，1959 年人民出版社版，第二十六卷，第 451 页。

初期产物的时候，不由自主地就会想到已在我们的建设共产主义的国家里实现的列宁的这些预言。

（吉洪译）

图书在版编目(CIP)数据

新大西岛/(英)弗·培根著;何新译.—北京:商务印书馆,2017
(汉译世界学术名著丛书:120年纪念版:珍藏本)
ISBN 978-7-100-14563-3

Ⅰ.①新… Ⅱ.①弗… ②何… Ⅲ.①乌托邦—研究 Ⅳ.①D091.6

中国版本图书馆CIP数据核字(2017)第152350号

汉译世界学术名著丛书
(120年纪念版·珍藏本)
新 大 西 岛
〔英〕弗·培根 著
何新 译

商 务 印 书 馆 出 版
(北京王府井大街36号 邮政编码100710)
商 务 印 书 馆 发 行
北京市十月印刷有限公司印刷
ISBN 978-7-100-14563-3

2017年12月第1版　　开本710×1000 1/16
2017年12月北京第1次印刷　　印张5¼
定价:28.00元